中国共产党诞生地
出版工程

柔石画传

龙华英烈画传系列丛书

中共上海市委党史研究室　龙华烈士纪念馆　编

周紫檀　著

上海人民出版社

龙华英烈画传系列丛书编委会

出版说明

　　"一个有希望的民族不能没有英雄，一个有前途的国家不能没有先锋。"习近平总书记强调，对一切为国家、为民族、为和平付出宝贵生命的人们，不管时代怎样变化，我们都要永远铭记他们的牺牲和奉献。为弘扬以伟大建党精神为源头的中国共产党人精神谱系，用好英烈红色资源，号召在全社会树立崇尚英雄、缅怀先烈的良好风尚，从中汲取为中华民族伟大复兴继续奋进的强大精神力量，由中共上海市委宣传部组织，中共上海市委党史研究室、龙华烈士纪念馆编写龙华英烈画传系列丛书，致敬为真理上下求索、为信仰奋斗牺牲的革命先驱们。

　　上海市龙华烈士陵园（龙华烈士纪念馆）是党的创建和大革命时期、土地革命战争时期著名英烈人物最为集中的纪念地。在新中国成立前中国共产党产生了171位中央委员，其中有42人牺牲，在龙华牺牲了7位，占六分之一；首届中共中央监察委员10人中有8人牺牲，在龙华牺牲了4位，占二分之一；其他曾在龙华被押过的革命者更是数以千计。2021年7月，为庆祝中国共产党成立100周年，首度编辑出版"龙华英烈画传系列丛书"，分成 11 册，讲述了罗亦农、杨殷、彭湃、陈延年、赵世炎、陈乔年、林育南、杨匏安、张佐臣、许白昊、杨培生 11 位龙华英烈的事迹。现再推出李求实、柔石、胡也频、冯铿、殷夫"左联五烈士"的画传，分 5 册，按照英烈生平脉络，选取若干重要历史事件，配以反映历史背景、切合主题内容、延伸相关阅读的丰富历史图片，以图文并茂的方式叙写龙华英烈们在风雨如晦中坚持真理、坚守理想，在筚路蓝缕中践行初心、担当使命，在艰难寻路中不怕牺牲、英勇斗争，在生死考验中对党忠诚、不负人民，把人生价值和理想追求深深植根于谋求民族复兴、人民幸福之中，彰显早期中国共产党人为中国革命披肝沥胆的无畏与牺牲，实现救国救民的初心与力量。

丛书所收录的图片和史料多源自各兄弟省市党史研究室、纪念场馆，以及中共上海市委党史研究室、龙华烈士纪念馆等的公开出版物及展陈，或源自英烈后代、专家学者的珍藏。基本采用历史事件发生时期的老照片，但由于年代久远且条件有限，部分无法直接利用的老照片，或进行必要修复，或通过对现存史料进行考证后重新拍摄。

丛书反映内容跨度长、涉及面广、信息量大且年代久远，编写人员虽竭尽全力，但不足和疏漏之处在所难免，敬请广大读者批评指正。

目 录

负笈异乡跳出大山包围

ROU SHI

降生：在孔子的诞辰

这天的赵家异常忙碌，浙东宁海城内市门头一批海鲜刚刚到店，妻子怀胎十月即将临盆，天空中卷起五彩绚烂的云霞，十来只喜鹊欢腾地绕着屋檐啼叫，在各种美好希冀冲天而起之时，男孩的啼哭声伴着城南孔庙的阵阵钟声来到了人间。原来，这天是孔子的诞辰，清光绪二十八年（壬寅）八月二十七日（公元1902年9月28日），是个不容易让人遗忘的日子。后来，每当学校举行庆祝孔子诞辰的祀礼时，男孩总兴奋地暗地里庆祝着自己的生日。

青年柔石照片

柔石故居位于浙江宁海城西方祠前，系一旧式砖木结构三合院

柔石故居院落

故居内的柔石像

全家人围着婴儿忙前忙后，脸上满是笑容。此时正在田里打稻的外祖母闻讯更是欢喜得不得了："这是来了只归山虎呀！"望着田地里禾黍丰登铺满的黄金佳穗，她心满意足地想，"真好啊，多了个熟年儿郎"，笑意融融间充满了庄稼人对丰收的喜悦。这是秋天的收获，也是赵家人的收获。赵家主人心定神安，点着几根檀香，往炉里一插，瞬间清香透鼻。父亲只盼着孩子平安有福，遂为婴儿取名平福，希冀平福是那个年代寻常人家最朴素的心愿。

家乡有位阔佬认为平福名字取得好，便要给自己的儿子用，不允许赵家儿子取这个名字。赵家父亲岂能答应，他坚持不给儿子改名，并暗下决心，将来定要让孩子读书，谋个好前程，为家门争光。在男孩的成长过程中父亲常提及此事，希望以此激发孩子自强不息的气性。男孩虽稚幼却也感到了几分凄楚与不平，只是那时他尚不知这一切并非偶然，是时代所招致的。

自 1840 年英国发动侵略中国的鸦片战争后，中国逐渐沦为半殖民地半封建社会。宁海北面的宁波，在 1842 年丧权辱国的《南京条约》签署后，便被设为"五口通商"口岸之一。宁海古称缑城，历史久远，当时属台州府管辖（今属宁波），虽地处山陬海隅，却同样遭受着帝国主义的压迫掠夺。1900 年，八国联军侵占北京，清政府被强迫签署《辛丑条约》，欠下巨额"庚子赔

宁海城隍庙旧影

款"。苛捐杂税重重地压在全国百姓身上，宁海小城也未能幸免于难。

山麓与海洋接壤赋予了小城丰富的自然资源，也孕育了当地民众山海交融的性格。一岁那年，柔石尚在襁褓。宁海北乡大里村秀才王锡桐见天主教徒倚仗教势，侵占田地、欺辱妇女、勒索敲诈、无恶不作，愤然执笔"何夷人猖獗若是，吾辈读经何用"于是奋举义旗率众抗争，要活捉作恶多端的神父朱国光。

官府慑于众势不堪抵挡，起义军进城后，王锡桐坐镇城隍庙指挥。宁海万人空巷，城内满是造反农民。这场斗争虽最终因缺乏斗争经验而告败，却是中国近代群众自发反侵略的爱国浪潮中的一股激流。孩提之童，还不知命运将他安置在这动荡变革的年代意味着什么。

家景："赵源泉"咸货店

赵家祖上几代皆是耕读传家，到祖父时已家道中落，父亲赵子廉，又名汝能，14 岁便学艺海游（今属三门县），在一家名叫"巨丰行"的咸货店里做学徒，帮人做些小生意。时光倏忽几年过去，赵子廉娶了老家城西一豆腐店里的姑娘玉兰为妻。想到日后家中人口会渐渐多起来，赵子廉盘算起回宁海经营生活的事宜。很快，他就在宁海较为热闹的市门头典来一间小屋，从摆摊做起。夫妻二人育有二子一女，大儿子平西（熙）、小儿子平福（长大后柔石改"福"为"复"）又名少雄、女儿玉瑰（桂）又名文雄。

狭促的生活空间，显露出赵家人生活的不易。经营中为节约成本，赵子廉要到十几里外的白桥埠头的渔船上进货，把鲜活的鱼虾挑回来出售，当天卖不掉的再腌制加工。由于人手不够，大儿子平西便充当帮手，合家忙碌奔波惨淡经营，以期换来安稳饱暖的生活。后来，摊头逐渐开成一家咸货小店，名号"赵源泉"。

缑中学堂

父母立誓让小儿子读书识字，只是生活清苦，加之柔石体弱多病，到10岁时才得以入学缑中学堂念初小。柔石痴迷读书求知若渴，不仅成绩优秀，还酷爱书法，一手好字隽秀工整。拮据的生活让柔石养成惜纸如金的好习惯，练字时常是先在纸上写小字，再重复利用纸张练习大字。每逢宁海节俗，家家户户要张贴祈福楹联，邻居农夫、瓦匠、小贩都请他撰写，小柔石总是欣然应诺，以此为乐。

山水浸润，人文造化。念完初小后，柔石便转至正学小学读高小。正学小学蕴载着的家乡先贤方孝孺的忠烈气节，深深濡染着学生们幼小的心灵。明蜀献王朱椿因仰慕方孝孺的学问人品，将其在汉中时的读书之庐赐名为"正学"，故方孝孺也被称为"方正学"。明太祖朱元璋封他为太傅，惠帝朱允炆（朱元璋嫡孙）时任侍讲学士。惠帝叔父燕王朱棣（后明成祖）势倾朝野，想借方孝孺名气，为其起草即位诏书。方孝孺傲骨不屈视死

正学小学简介

方孝孺读书处

如归，执笔大书"燕王篡位"四字后，掷笔大骂"死即死耳，诏不可草！"朱棣怒喝："你不怕灭九族吗?"方孝孺凛然作答："便是十族，又有何妨?"朱棣震怒处之以极刑，杀戮方家九族，并株连方孝孺的学生，合诛十族。方孝孺为人刚正不阿，他的大忠大义，深深刻进了历史云端，在家乡宁海妇孺皆知，人们无不引以为傲。

如果说家乡的苍山碧水孕育了柔石的才情，那么乡贤忠烈的气节则陶冶着柔石的心。柔石的家位于纪念方孝孺的方祠不远处。从小在方祠前嬉戏玩耍，听着父辈们口口相传这一段君臣佳话时，柔石都为其浩然正气感到振奋鼓舞。方祠内正殿柱上镌有

城西方正学祠堂正殿旧影

多副楹联，"百折不回，抗节一生拼十族；片语微信，大书八字足千秋""浩气贯青冥，奇节共台峰并峙；孤忠悬日月，芳徽与庙貌长新"……方孝孺俨然成为柔石钦佩的榜样，后来，他还特意收集了一帧方孝孺画像，并在背面题写"永远保存"，挂在房间晨昏景仰。鲁迅在回忆柔石时，也曾提起他身上"台州式的硬气"，时常令他联想到方孝孺。

小学毕业时，咸货店生意忙碌起来了，父亲开始犹豫是否让小儿子停学回家，一同经营小店。而此时的柔石越发领会到读书的兴味，他求学心切手不释卷，亲友们也夸他天资聪慧，感叹不读书可惜了。几番思量后，父母同意了柔石考学。欣喜之余，柔石赶忙又跑回桌前专心致志地学了起来。

不久后，好消息便传来了，柔石顺利考入浙江省立第六中学，因该校位于台州，又称台州六中。那是1917年，宁海交通不便无公路无铁路，出发前往台州难免一路舟车劳顿。原本想安心求学的柔石，到校后却大失所望——教师马虎渎职，学生潦草作业，校内管理松散加之学费高昂，这些对于笃实好学的柔石来说，都是与内心相抵牾的。万般无奈下两个月后，他只好退学回家。

回家后，柔石克勤自进，孜孜不倦。看书写字累了，就拉琴、吹笛、刻制笔筒……此外，还主动帮母亲做家务，教妹妹识

柔石使用过的笛子

字。一支竹笛，吹送着明快的曲调，给少年柔石带来许多遐想和喜悦，他对美术、音乐等文艺表现出的天赋与素养，为日后人生平添了许多机缘际遇。

柔石热爱家乡风光，门外阡陌纵横的田地里，一到春天便有繁星般的紫云英，黄灿灿的油菜花，一湾溪流，潺潺而过，远处环列着苍翠山峦，东边稍近处，巅上有石塔危立的便是跃龙山。跃龙山下，岩石崚嶒，潭水碧清，山清水秀。得益于天地的钟灵毓秀，少年柔石的耳目得到了丰沛的滋养。家门口通向方祠的小巷转角处，铺有一块大的长条石，条石上刻着"金桥柔石"四个字。"柔石"的笔名便取自于此，他后来也曾以"金桥"作笔名。

伴着小镇暮光沉沉而落，准备闭店打烊的父亲遇见了柔石的一位老师。老师关心起柔石的近况，听说他目前休学在家，老师不无惋惜："总得让他读下去呀，他在班里成绩是佼佼者。"可是去哪里读？父亲一筹莫展。老师站定认真思考了起来，突然眼睛一亮："去报考省立第一师范吧，官费的，毕业出来可以教书。"日后能做教书先生，正是柔石父亲所期盼的，这可是一份令人尊敬的职业，父亲赶忙回家同柔石说起。柔石知道浙江省立第一师范（简称浙一师）在杭州办学，环境好、师资强，吸引了大批宁海学子，宁海冠庄的潘天寿，就是比柔石早几年考进那里学习的。于是，柔石又坐到桌前开始奋发图强，最终一举考进浙一师。这颗热忱读书的心终于有了栖所，柔石高兴，全家都很高兴。

负笈：跳入"一师"洪流

从宁海出发去杭州，得绕道而行，先是行走或坐轿数十里到薛岙码头，然后坐小火轮（内河航道中的小轮船）到宁波，再转大轮船到上海，最后由上海坐火车到杭州。这样一程哪怕安排得紧凑妥当，也要两三天时间。1918 年，柔石告别家乡，昼夜兼程赶赴学校。一路景致变幻跃入眼帘，也拨动着柔石年轻的心，他

柔石与同学王岁南合影

礦物學

礦物學底範圍：

1. 礦物學 Mineralogy. 研究礦物之形性,及應用.
2. 岩石學 Petrology. 研究岩石之成因.
3. 地質學 Geology. 研究地殼之現象.

地史學 Histrical Geology. 原為地質學底一部分：十八世紀以前,還沒有人能拿地球變化底由來,講出一正確底道理. 當時德國哲學家康德(Kant)和法國數學家哲學家拉勃納司(Laplace)兩氏,創造一種星霧說.(Nebular Hypothetic.) 說明地球成立底原因,和經過底變化. 他們說："日,月,星,辰,一類底東西,至最初底時候,不過是一種極大極熱底氣體,游漾正太空中,後來因為慢慢地損耗四週圍底冷度,便向內收縮,因此生出一種旋轉力,由旋轉底間隙,這種星霧氣底外氣,透過他本體赤道底地方,脫離一道環帶.

柔石矿物学笔记

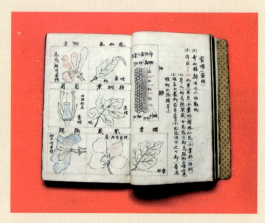

植物学笔记

地文地理笔记

几何作业笔记

似小鸟般,拍打着未腴的羽翅,迫不及待要撞进新的天地。这年柔石 16 岁。

此前,一直就读于村塾学堂,接受子曰诗云封建文化教育的柔石,进入浙一师后大开眼界。校园里革命气息扑面而来,民主思潮云屯雾集,政治、哲学、文学、教育各类书籍令人目不暇接。柔石求知的欲望也似烈火般越燃越旺,他在蔡元培著作《中学修身教科书》里,提上一副格言自勉:"学如逆水行舟,不进则退;心似平原走马,易放难收。"

对知识的渴求使柔石充满紧迫,他痴迷读书酣畅思考,课上

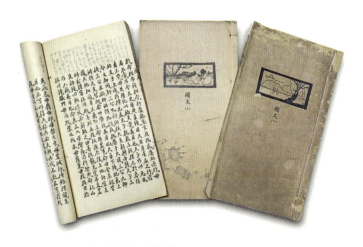

柔石浙一师用书《国文》及批注

聚精会神积极发言，记录笔记一丝不苟；课下作业贝联珠贯，事物描述详尽真挚。柔石认为，一个志在匡时济世的人，必得要有渊博的学问，作为学生，则更应刻苦学习。在给父母的信中他写道，"于功课则克勤自进努力前行；修养品性，完美人格，双亲亦乐而不念矣"。此时，懵懂的他笃信"教育救国"，立志成为一名学问家，在给哥哥的信中写道："故现今中国之富强，人民之幸福，非高呼人人读书不可。教育能普及，则无论何事，皆不难迎刃而解矣。"为此，他力学不倦，圆木警枕，弄得双眼发昏得了近视。

激荡："一师风潮"与党的成立

那是一个新旧交锋的时代。中与西、保守与激进、前进与倒退、迷茫与觉醒在中国大地猛烈碰撞。当时浙一师的校长经亨颐是省内新文化运动先驱之一，他推崇"人格教育"，力主"因材施教"，倡导"德智体美"全面发展。为使办学理念得到贯彻，经亨颐多方游说，聘请开明贤达、时代俊彦俞伯平、刘延陵、叶圣陶、朱自清等人来校教书。浙一师因此荟萃了大批文化精英，他们都是传播新思想、提倡新文化的干将。

正值柔石入学第二年，在新文化运动民主与科学思潮的启发下，在俄国十月革命的影响下，中国爆发了伟大的五四爱国运动。第一次世界大战结束后，1919年初英法美等列强在巴黎召开和平会议，这次会议实际上是帝国主义国家操纵的重新瓜分世界的会议。中国政府因战时参加协约国一方，作为战胜国，也派代表参加了会议。在列强操纵下，巴黎和会竟然通过《凡尔赛和约》，决定把战败国德国在中国山东攫取的一切特殊权益全部转让日本。中国外交在巴黎和会上的失败，激起全国人民莫大愤慨，成为引爆五四运动的直接导火线。

烈火一经点燃，便孕育着燎原之势。1919年5月4日，北京学生3000多人举行游行示威，全国各地纷纷响应，掀起了震撼海内外的五四运动。在杭州，学生们大规模走向街头游行示威。

五四运动游行队伍

在五四浪潮洗礼下，浙一师进一步倡导新文化、推动新教育。在"与时俱进"办学方针的引导下，经亨颐校长首倡"学生自治、职员专任、改革国文教授及学科制"等措施，增聘了陈望道、刘大白、夏丏尊、李次九等具有革新思想的教员，新派教师阵容更显充实，民主气氛更为活跃。加之浙一师学生大多家境清贫，对革命有着天然的亲近，很快浙江省立第一师范学校就成了浙江新文化运动的中心。

那时，《新青年》《星期评论》《新潮》等是校内热销读物，新办的《浙江新潮》《钱江评论》等也受到学生欢迎。柔石亦是这些刊物的忠实读者，不仅如此，他还时常将一些用白话文写的报刊

《浙江新潮》

现挂于柔石故居的经亨颐手书条屏

明月明月我盼久了你为什麼遲，的不出你

有强大的光辉永久的性質你繞地周行

照遍世界何曾遺漏了二名二物明月，你

圓時少缺時多難得

今宵光明分外江山换色 予廉先生 九年丁 亨颐

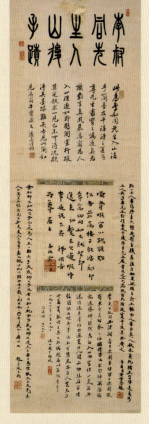

薄暮濃雲愁永晝瑞腦噴金獸佳節又重陽宝

枕紗厨昨夜涼初透

東籬把酒黃昏後有暗香盈袖莫道不銷魂簾

捲西風人比黃華瘦

平福索書

丙尊寫李易安詞

夏丏尊赠柔石楷书《重阳·醉花阴》

夏丏尊赠柔石的李叔同入山后手迹

杂志，寄送家乡亲友传递革命火种。在校时，柔石也多与思想进步的老师们交好，经亨颐校长就曾为柔石父亲赵子廉手书条屏，可见校长十分看重柔石这个低年级学生，也侧面说明柔石对这位"浙江教育界之巨子，革新运动之领袖"的拥护支持。教师夏丏尊也曾手书一帧李清照《醉花阴·重阳》词赠予柔石，又转赠了一副李叔同的书法墨宝。

1919年11月，浙一师学生施存统在《浙江新潮》第二期上发表了《非"孝"》一文，原意是反对不平等的"孝道"，主张平等的"爱"，对传统封建家庭伦理制度进行深刻反思，却触动了中国封建伦理的根本，引起了极大的社会震动，《浙江新潮》很快被查禁。各种反动势力纠集在一起，一齐向浙一师开火，迫令开除施存统，解聘陈望道、刘大白、李次九、夏丏尊等新派教师，同时撤除经亨颐的校长职务，欲任命教育厅视学金布为新校长。金布抱残守缺，是当局的傀儡，若学校沦为此人执掌，不日便要校风退行、思想禁绝。

师生们坚决不应，以"挽经护校"为口号，掀起一场维护和巩固新文化运动的"一师风潮"。这场风潮中，浙一师师生的勇气和义气，迅速得到多方支援。在各界压力下，当局只好收回成命，委派思想倾向新派的姜琦（伯韩）任校长。至此，"一师风潮"最终以学生的胜利告终。

浙一师旧址

"一师风潮"纪念碑

"浙潮第一声"纪念雕塑

　　经过五四爱国运动,中国人民有了新的觉醒。特别是青年中的一批先进分子,以救国救民、改造社会为己任,重新思考中国的前途,探求改造中国社会的新方案。他们纷纷撰写文章、创办刊物或成立社团,以介绍、传播和研究国外的各种新思潮。俄国十月革命的胜利,给了有志救国的青年们以启示。这时,涌现出一批具有初步共产主义思想的知识分子,他们向往十月革命的道路,开始认识到中国工人阶级的历史作用和强大力量,如饥似渴地学习马克思主义,努力和工人阶级相结合,到工人中去宣传马

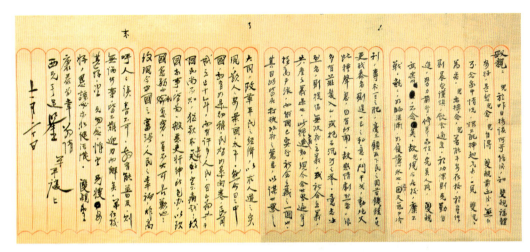

1921年11月20日，柔石写给父母的信，信中认为中国之所以长期受军阀混战、恶吏奸绅专权之苦，是因为民智闭塞之故，希望以普及教育来拯救中国

克思主义，开始将马克思主义和工人运动结合起来。

面对汹涌澎湃的新思潮，柔石在给哥哥的信中痛批当局"专求一己之肥"，并吐露"意志决烈者，则提倡无政府主义或社会主义，共产主义是也。此种主义运动，现今全世界遍有极高之声浪，而俄国已实行社会主义之一国也，其目的皆在打破政府之万恶，以谋世界之大同，改革平民之经济，以求人道之实现，欲人人安乐，国国太平"。柔石对共产主义等新思想和十月革命的胜利由衷赞赏，他抱着一种朦胧的向往，对共产主义生出了希望。

五四运动后，马克思主义开始在中国广泛传播。最早酝酿在中国建立共产党的是陈独秀和李大钊。通过对马克思主义的学习传播，对俄国十月革命经验的学习以及同中国工人运动的实践相结合，他们逐步认识到，要用马克思主义改造中国，走十月革命的道路，就必须像俄国那样建立一个无产阶级政党，使其充当革命的组织者和领导者。经过酝酿和准备，在陈独秀主持下，上海共产党早期组织于 1920 年 8 月在上海法租界老渔阳里 2 号《新青年》编辑部正式成立。当时取名为"共产党"，这是中国的第

法租界老渔阳里 2 号旧影

一个共产党组织，陈独秀任书记。在党的一大召开之前，先后参加上海共产党早期组织的有陈独秀、俞秀松、李汉俊、陈公培、陈望道、沈玄庐、杨明斋、施存统（后改名施复亮）、李达、邵力子、沈雁冰、林祖涵、李启汉、袁振英、李中、沈泽民、周佛海等。其中陈望道、施存统等皆为柔石在浙一师求学时的师长、同学。上海的共产党早期组织通过写信联系、派人指导或具体组织等方式，积极推动各地共产党早期组织的建立，实际上起着中国共产党发起组的作用。从 1920 年 8 月到 1921 年春，经过半年多的工作，国内先后有 6 个城市相继建立起共产党早期组织，成员也不断增加。

兴业路 76 号今貌

1921 年 7 月 23 日晚，中国共产党第一次全国代表大会于上海开幕，会场设在上海法租界望志路 106 号（今兴业路 76 号）李汉俊之兄李书城的住宅内。会场布设简朴，气氛严肃庄重。由于会场受到暗探注意和法租界巡捕搜查，最后一天的会议转移到浙江嘉兴南湖的游船上举行。

中国共产党第一次全国代表大会宣告中国共产党正式成立。从此，在落后的旧中国出现了完全新式的，以马克思列宁主义为行动指南的，以实现社会主义和共产主义为奋斗目标的统一的无产阶级政党。这是中国历史上开天辟地的大事变。

晨光：人生旅途中又一座驿站

1921 年 5 月，柔石和邬逸民（光煜）等人发起组织了宁海旅杭同学会，并于 22 日召开成立大会，会员主要由在杭州就读的宁海进步学生组成，工作重点是积极宣传进步思想，团结宁海进步人士，助力宁海社会变革，宁海旅杭同学会的成立对宁海早期党组织的建立和发展具有重要意义。柔石与潘天寿等负责编辑出版《宁海旅杭同学会会刊》月刊，具体内容有评论、文艺、消息、杂俎等。

柔石对文学艺术有着极大的兴趣和素养，他常说文学艺术是自己的"性之所喜"。不止是经亨颐、夏丏尊曾赠送柔石墨宝，

1921年5月22日，宁海旅杭同学会成立合影，中排左起第七人为柔石；照片背面有柔石题字：和谐是社会进化的目的，团结是人类生存的要素。诸同学洞悉此理，爰集一会。本互助的精神，作我宁的改造。众志成城，大同在望，吾料此次的摄影，定有纪念的价值！一九二一年六月十日平复志于武林省立第一师校

赠送书画的还有他的同乡同学、日后成为国画大师的潘天寿和丰子恺，以及后来壮烈牺牲的青年革命者叶天底等。柔石有一盒大小凑成套的玉石图章，其中一方刻有"九曲居士"的白文篆章曾在李叔同字轴题记的落款下印用过。

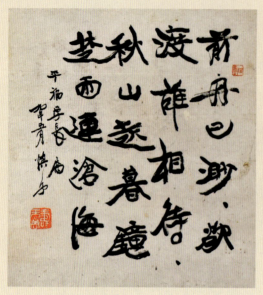

1920年潘天寿赠柔石行书《前舟已渺渺》

叶天底赠柔石菊花图

柔石刻制的笔筒及印章"九曲居士"等

柔石设计的《乐歌》封面

柔石画传

在浙一师读书时，他乐感高涨，学习了钢琴、风琴和小提琴，并练习作曲。此外，柔石还利用课外时间，大量阅读古今中外文学作品，同时尝试写作新诗和散文。保留至今的一本集有20多枚外国邮票的小册子和他自己设计的封面图案"乐歌"，都印证了柔石对文艺的天赋与喜爱。

1921年10月，杭州第一个新文学团体晨光文学社（简称晨光社）在杭州省立第一师范学校成立，这是由潘漠华、冯雪峰负责的青年文学社。社员有柔石、汪静之、魏金枝、陈昌标、程仰之、陈学乾等，此外还有杭州蕙兰中学、安定中学和杭州女子师范学校等的好文学、爱写作的师生，共20余人。他们认真定立《简章》，邀请国文教员叶圣陶、朱自清和英文教员、新诗倡导者刘延陵担任顾问。社员们常在星期天到孤山西泠印社或西湖中央三潭印月，集会交流切磋文艺。新文化运动以来，觉醒青年们渴望冲破千百年来封建礼教的铁幕，渴望无拘无束的自由恋爱和自主婚姻，他们在新文学活动中敞开心扉，热烈地赞美青春，抒发纯真情怀，放声歌唱爱与美的一切事物。与柔石一同参加晨光社的潘漠华、汪静之、冯雪峰等人于1922年4月4日畅游西湖时商定成立小型诗歌团体——湖畔诗社，以诗作歌颂光明揭露黑暗，大胆抒发年轻人的恋情与向往，成就了几位著名的湖畔诗人。

晨光社活动别开生面，当时的《新浙江报》专门开辟了"晨光"副刊为阵地，发表体现新文化新思想的文学作品，对推进杭州新文化运动产生积极影响。1922年12月16日，潘漠华代表晨光社致函《小说月报》主编沈雁冰（茅盾），介绍说明本社活动情况，并附简章和社员名单，后被刊登于《小说月报》第十三卷第十二号，进一步扩大了社团的影响。"晨光社"可以说是柔石步入文学殿堂的一块阶石。晨光社提倡白话文，对柔石的社会思考和文学创作亦有影响。纵观柔石在浙一师毕业前所写的日记，不难看出对于爱情、家庭、社会，他的笔触间往往带着忧郁悲愤的自我倾诉与宣泄，以及对未来刻苦向前的自勉与祝愿。他的自我剖析坦诚真切，对人生世态的记录细腻缜密，表现手法有时是直叙的、白描的，有时是隐喻的、抒情的，几乎都是白话的"写实文学"式样。例如，他在1922年8月7日的一篇日记中记录了家乡宁海遭台风灾害的情形和他对民间疾苦的同情：

　　昨夜下了一夜不息的大雨，还夹着狂猛的飓风。溪水泛滥，南门外是白洋［洋］的一片了。棉花番薯都被浸没，青豆黄瓜多被漂去，多少农人，都纷纷地在那里叹息叫苦。拔倒流来的大树，他们有的撩来算是赔偿损失。

1923 年 1 月 11 日，他记录了在宁海跃龙山游走时目睹的官兵杀人的情景，以及因之产生的思考和感慨：

许多人都不自解，铁桶般的围着看，我也不知他们的良心，对于这件事否认还是赞同？他有罪恶，他有极大的害人的痕迹，不过，一颗子弹，就能抵消它吗？一颗子弹的能力，能够相当他如此重大的罪恶，这怕是人类自己的思想的不精确罢！他死了，他的血迹仍遗留在社会里，永远永远的不能磨灭。这种社会的血迹，是否人类自羞的纪念物呢？而且自悔不耻的官兵，和强盗又是一样，个个人们和官兵又是一样。现实的社会，实在说一句，谁不是强盗呢？朋友！我强盗了！你强盗了！连我们所最亲爱的也强盗了！强盗的世界，我们究竟将怎样呵？

柔石的心迹一览无余，当时他彷徨无助，苦闷躁动。而他对社会人生的博爱之情，以及在苦闷悲愤中执著追求光明奋进的觉知，使他进一步思考起社会的出路来。尽管那时在各项活动中不十分活跃，但内心也升腾起爱国护家的火热与光华。初醒的惺忪虽朦胧却可贵。

如蔽黑布不知去向何处

ROU SHI

缔婚：同情女性命运

1920年柔石虚龄19，在老家已经到了该成婚的年纪。那时，柔石还在杭州求学，父母依照老家习俗，挽亲托故多方物色，开始为他张罗起婚事来。

宁海西乡东溪村，当年有位老童生（明清科举制度中，凡是习举业的读书人，不管年龄大小，未考取生员秀才资格之前，都称童生）吴桂馥，其母出身黄坛严氏望族，按旧时"亲挽亲"的婚嫁习俗，吴母又把大女儿回嫁给黄坛严家严瑞五。严瑞五中了秀才后，在家设馆教书。吴桂馥就把爱女——时已十七八岁的素瑛，送去她姑夫家的私塾读书。

黄坛距城内十余里路，柔石在正学小学就读时，同学严雅惠、胡兆虎、陈有才等都是黄坛人，彼此向有往还。1919年元宵，柔石应同学之邀，前去黄坛赏花灯。在元宵夜的灯火阑珊处，柔石碰见了长他两岁的吴素瑛。素瑛在私塾读了几年书，虽称不上大家闺秀，却也是蓬门碧玉。许是偶然巧合，此刻两人都未曾料想，灯会一面，再次交汇已步入婚姻。父亲选定素瑛后，柔石并未反对。1920年冬，二人成婚。

倘若柔石没去杭州读书，未曾接受新思想洗礼，夫妻俩可能会在小城过着平淡安稳的生活。可偏偏命运先将柔石推进婚姻大门，而后任其被个性解放、自由恋爱、张扬自我的新理念不断冲刷颅脑。渐渐地在外求学的柔石发现，自己与妻子的距离岂止宁海到杭州那么远。

因思想上得不到共鸣，有了家庭后，柔石反而时常觉得自己是个无家的人，是位在外萧条枯寂的远行者。每年只有寒暑假得以回家团聚，家反倒成了旅馆，一年两次作客——成了他对家、对婚姻的一条注解。可为了不让父母操劳、妻子伤心，柔石只好迫使自己去接受、适应这一切。这时，父亲来信告诉他，他的妻子生了个儿子（名旦华，后因患病幼年夭折）。

> 夜里得到父亲一信，说本月十七日晨，产生了我爱，即是我的幸福。究竟是幸福还是苦痛，除了上帝是怜悯我知道外，我自己想不出来。不过一静心，就感到精神界的不安，血也循环的愈快，眼前乐趣，立即飞散！
>
> 睡也睡不着，身子明明躺在床里，好似麻绳捆绑了一样。心箭乱发，将过去二十一年中的生涯，能再生者皆应弦无漏。看看一弯新月又很好，且好久没见她。想起来到她的光波中数数我的未来之步！

这是柔石 1922 年 5 月 31 日所写的日记，也是目前可见的表达他对自己婚姻看法的最早记录。他将刚刚出世的儿子，亲昵地称为"我爱"，可又对产生这孩子的婚姻表现出苦闷无奈，一时间竟不知如何应对，只看着暑假临近，同学们兴奋地开始收拾行装，做起回乡的甜梦。可看着同学们走着跳着、歌着笑着的样子，柔石反而提不起兴致。在意识到问题后，柔石进行了反思，他积极调整心态，不数日，又在日记中写下："归心似箭，谁可笑我呢？载走载歌，足也加倍的轻快，而且明月山光愈显家乡可爱了。"

婚姻里的琴瑟异趣，始终困扰着柔石。柔石志向很高，颇有才华，加之饱领时代的思潮，使他挣脱封建牢笼的精神愿望日增月益。而素瑛偏是位生活在远僻小镇，受封建礼教、传统伦纲熏染的"旧式"女子，夫妻之间似乎隔着一层看不见的"精神隔膜"。柔石写于1924年的《爱的隔膜》《一线的爱呀》等文章，便照了自身婚姻的镜子。一面灿然一新，一面死气沉沉，认知的裂痕皴擦出生活的苦酒。无人倾诉的柔石，只好将这七零八落的心情诉诸纸笔：

伊诉说完伊的愁情，而且要我扶助……我总对伊说——你是个裹足的小孩子；我虽是能攀援藤树的男童，对你实在无能为力，扶上高枝中！

一次放假回家，柔石整理好行李，便想给许久未见的妻子一个拥抱，可素瑛却不愿，认为大白天搂搂抱抱，叫人看见有伤风化。她的观念令柔石很是失望，他连连摇头。柔石虽说过"无力扶助"，但还是试图缩小差距，扶助妻子"攀上高枝"。他请求父母让素瑛去读书，没有得到同意。于是，他开始亲自"课妻"，教素瑛读书写字。而这一切又实在艰难，柔石先是选了一本郭沫若译的《少年维特之烦恼》作课本让素瑛读。识字不多的素瑛怎读得下去？仿佛走进荆棘丛中无法前行，她说，书中句子如刺蓬般板来板去，讲不清楚，要求换一本。柔石觉得教人比自己读还辛苦，一面怜惜素瑛受时代所害；一面又给她换了本《红楼梦》。柔石是一个知识分子，对精神文化的需求远高于一切，他对于缩小与素瑛间的文化差距，付出的努力不止于此，他自编尺牍教材，写出一封封感情丰沛的家书，让妻子认字、临摹，尽力领着妻子走进自己的境界。短篇小说《课妻》就是这段生活经历的衍生品，细致描写了他是如何帮助妻子学习文化培养感情的，与所作另一篇小说《一个失败者的请求》异曲同工，叙述了自己向父母为妻子争取学习机会而遭拒绝的伤心事，这都表达了柔石倡导女性教育、积极推动妇女解放的思想观念。

在校的一天晚上，柔石与同学赵邦仁校园漫步，正感到月色幽美神妙之时，邦仁问，诗人和农夫所感受一样吗？柔石思忖了答，诗人的心境好比一朵花，而农夫的心境则像一株草，草中之月，总不比花中之月。一如浸灌了旧风气的素瑛和学了新文化、乐于新风尚的柔石，不同如此昭然。

柔石仿佛生活在两个天地，一边是追求民主、自由和光明的校园，一边是温馨却充满束缚的家。后来，为反对父母替妹妹包办婚事，他特意给哥哥平西写信，诉说了非自由婚姻给自己造成的痛苦，强调人生情爱之大义，不愿让妹妹吞咽旧式婚姻的苦果。而面对自己没有爱的婚姻，他也只好在同情与绝望的反复拉扯间延续下去。

但在思想上，柔石从未放弃过对爱与美的憧憬和追求。

飘转：随风飞舞的柳絮

柔石在浙一师求学时期，正值北洋军阀统治的黑暗年代。自第一次世界大战后，帝国主义势力不断深入中国社会内部，列强纷纷在中国扶植各自的代理人，划分势力范围，干涉中国政治，控制中国经济，导致国内政治严重碎片化，经济严重殖民化、买办化，历史文化也相应地出现存续危机。

北洋军阀背后的外国势力主要是日本和英美，所谓北洋军阀，主要是直系（冯国璋、曹锟、吴佩孚）、皖系（段祺瑞、徐树铮）和奉系（张作霖）三大股。此时，悲哀的中国，反动政府、大小军阀集团皆沦为帝国主义奴仆。

随着时间推移，五四运动的热潮已逐渐冷却，当代青年获得的不只是思想憬悟，更有理想照进现实后的苦闷彷徨。柔石也在洞察疾苦、感时忧国，一颗爱国丹心跃然纸上。1923 年 2 月 16 日，是旧历癸亥年开始的第一天，柔石在日记中写道：

> 不过在世界末劫之年，人怎能望得半天快乐。军阀专横于朝，贪吏欺诈于市，而一部分人民又愚焉不敏，甘心于自苦，辗转于水深火热，互相嘲弄，全不知自拔！一部分良好的人，仅年年切望，而年年困顿如故。水、旱、虫、风，终岁在田场上勤劳，不能得一饱，忧衣忧食，没半点人生乐趣。徒呼天叹运，究何今天快乐之有！追思往昔，心为黯然！

"军阀专横于朝，贪吏欺诈于市"，人民"辗转于水深火热"，柔石对时代的诊断十分确切。在他眼中，此刻自己的前途与国家命运紧密相连，家庭的窘困、婚姻的隔膜以及出路的渺茫，不断逼近柔石。那段时间，他思绪紧张，对未来忧虑忡忡，很大程度

柔石的浙江省立第一师范学
校同学录

上是因为毕业在即，他却仍似随风飞舞的柳絮，上下东西不知未来去向何方。

4月中旬，依照校内学制规定，柔石等应届同学进入教学实习阶段。考虑到未来择业，大家心绪都很波动。对社会人生真、善、美的理想追求，终究是抽象和概念化的，如何实现理想，特别是落实到具体实践中，就连在认知上也开始变得模糊不清。柔石深感自己"如埋藏山中的黄金"，空怀一身才华与抱负，眼前却"如蔽了一张黑布那样"，无处施展。

当小学教员的出路，似不合他的理想。学校安排的几周实习生活，使他一想起便觉得"血液将渐渐干涸"。但终究还是含辛茹苦地挑起这副担子，一天到晚"忙到腿里无骨"。一次，他临时受托代同事教常识课，误将"1886年5月1日第一次示威运动工人提出所倡工作八小时条件"，说成"睡眠八小时"。后面，他翻看《五一劳动史》资料，发觉自己在课堂上误导了学生，他"全身发热战抖"，狠狠谴责"自己如盲人一样，反而夜郎自大地走上讲台，信口雌黄地以为教导小学生，实在不应该，不应该"。似乎这一意外的刺激，使他更加不愿做小学教员，转念要去大学里继续深造。

同年6月3日，在给同学陈昌标的信中，柔石隐约透露了这份打算：

> 下半年如我论，未知能否在东南大学里，一个人在那块不大熟识的地面上，虽未免有些寥冷，但我也作它是吃药论，当时虽苦的，以后也总有好的反应。否则不准我入进那块地里，我又不知飘在何处了！

落榜：淅沥的雨为谁掉泪

毕业欢送会上，同学们都在谈论毕业后的志愿，当时柔石还有些迷惘，又不能不说，于是他将自己比作几何学上的"点"，有位置而无长宽厚，若有若无，"小则小于电子，大则大于宇宙"。可作一条无限长的直线，也可作任意形的曲线，且一切形状、图形的构成皆是以点为基础……此时，他将考进东南大学作为追求理想、描摹人生图景的原点。许是因为还未考取，对生活另有打算，柔石并未明说志愿。这时距离南京报考的时间不过十来天，为节省往返路费，他决定不回家，留在校内复习功课。

6月20日，正在筹备考试的柔石听闻东南大学要扩招的消息兴奋无比，他心想："假使定能考入东大学校，我决以猪羊谢天帝了!"7月1日，柔石以我之"点"，高扬起寻梦南京的彩带，

1923年柔石浙江省立第一师范学校毕业照

心情甚为明朗。当年的火车设备简陋班次也少，经 8 小时夜车苦熬后，待下车时他早已筋疲力尽。柔石赶忙在鼓楼兴皋栈内找了间斗室住下，室内只有他一人，这时天空又下起绵绵的雨，心间不免笼起一团冷雾。

此时的古都南京因战事连连，大半已荆棘荒芜，除街市一带，其他地方看上去倒像乡村旷野。东南大学也透着一股冷荒之气，和柔石脑海中向往的模样相去甚远。报名后，柔石这才得知该校学费高达 60 元，且浙江不在减免之列，不仅如此，又闻说考生足有千余人，而录取不过 50 人。柔石愕然，稍稍沉寂的心湖顿时起了风波。尽管柔石平时成绩优秀，可此番竞争过于激烈，加上考试中营私舞弊现象严重，不被录取是可以想见的。天气蒸郁，他感到眼前淅淅沥沥的雨，好似在刮洗自己的志愿。

考试结束，柔石立刻退房去了上海，心中总还怀抱一线希望等待发榜的消息。他落脚在同乡、同学、画家潘天寿那里。由于潘天寿的联络，柔石还见到了正在上海师从名医丁甘仁的中医师严苍山。严苍山是柔石正学小学同学，阔别多年异乡团聚，别有一番炽热乡情。潘天寿和严苍山都是品德端庄、力求上进的青年，在上海立了足并从事着自己喜爱的职业，对于尚在奔波前途的柔石，他们很是同情照顾，不仅接待他暂时住下，还良言相劝。

此前，从杭州去南京来沪转车时，柔石也曾短暂逗留访晤过潘天寿。潘天寿向他介绍了自己毕业离校后几年间辗转经过，他感叹政府腐败国势衰微，在上海这十里洋场，租界林立洋人骄横，常令他感到如石压胸，郁闷又沉重。在上海谋生活出路，若无良人相助，绝非易事。柔石听后，再次陷入对前途出路的思考。

落榜的消息终究还是来了，虽头顶烈日柔石却好似跌落黑暗寒肃的长夜般，凄苦又彷徨。

求职：一把不合适的"椅子"

1923 年 8 月，柔石踏上回乡之路。途中他一口气读完了刚购买的新书《涡堤孩》，书中的爱情悲剧扣动着他的心弦，联系起现实生活，他感触良多，遂在书后底页记下：

> 当恋爱之芽抽长时，谁能计及风雨之来摧残，牛马之来践踏！又怎能自观其新生之柔叶，禀质是最脆而弱哟！新生是一回事，恋爱又是一回事，魔鬼的阻挠又是事外的一回事哟！既木（来？）生，不能不计及如何是恋爱，更不可不计及事外的事又是什么哟！

《涡堤孩》　　　　　　　　　　　　柔石题写书后的感想

　　柔石崇尚个性解放自由恋爱，他同情书中青年们成了得不到真爱的池鱼笼鸟，也憎恨旧势力、旧意识对人性的囚禁鞭挞。他提出恋爱与"新生"的关系、与封建势力的关系，在当时极具思辨性。

　　力劝父母让妹妹入学读书，几乎成了柔石回家后做的第一件事。那时，在重男轻女的封建思想禁锢下，普通家庭的女儿几乎不被允许读书，只有个别家境殷富的大户人家女儿才有上学的可能。柔石家境一般，读书开销是不小的一笔。然而拗不过柔石再三请求，父亲终于勉强同意女儿读书。柔石嫌妹妹的名字——"玉瑰"不免俗气，且有把妇女看作是供人玩赏、物化女性的封建意识，便给妹妹另取"文雄"之名，意在女子也可"以雄文直道独立当世"。就这样，柔石领着妹妹，以"赵文雄"的名字为她报名入了学。这些举动，无不体现了柔石对于女子受教、妇女解放的强烈主张。

在家的日子里，柔石一面自学，一面帮助妻子补习文化知识。这时，杭州有户应姓人家条件优渥要请家庭教师，经人介绍后柔石前去应聘。应姓主人曾是留学法国的博士，家中一女一男两个孩子，女孩12岁，男孩9岁。两个孩子聪明乖巧，柔石教起来也轻松，空出的时间他就进行自习进修。这份工作不仅使柔石可以获得固定收入贴补家用，间或还得以向应先生讨教法文。柔石很喜爱这两个孩子，一直保存着一张与他们的合影。

然而，在应家多数时间只能同孩子打交道，孩子毕竟年龄小，无法与他们深入交流，柔石精神上感到十分寂寞，很快便开始不安于这种悠哉舒适的生活了。1923年11月16日的日记中，柔石重现了与孩子们的一段谈话，后来又据此改编了小说《无聊的谈话》。孩子们见柔石在房间里徘徊似有心事，便问他是不是

想妻子，想父母，想将来，甚至饿了想吃饭？弄得柔石无以为答，愈发觉得自己形影相吊。他写道：

　　实在，这样椅子，于我不合适，恐怕因为太软，正要推翻了去找那岩石做成的坐着。不过，何处呢？

饱食终日，索居斗室，反而使柔石心有戚戚。趁着寒假来临之际，他辞去了家教的工作，又回到了家中。

　　柔石外出的这段光景，妻子素瑛回到黄坛姑夫家私塾读书去了。黄坛的塾师是城里东门王家请去的一位左手残废的女士，她从封建妇女观出发，认为女子读书识字，无非是帮助丈夫治家，当好家庭主妇。不同于男性所读的私塾那样教《论语》《孟子》之类的课本，素瑛学的课程是从治家应用的角度，教些普通算术、打算盘记账之类，其余主要的课本作业是教她们如何给在外的丈夫写信。

　　素瑛理解柔石是位真正的读书人，只是愈发清晰地认识到自己与丈夫间的隔膜而内心空荡不安，若再不做些什么只怕如茶水般越冲越淡。她简单地认为，自己与柔石的差距仅在读书识字上，因而一再向家中要求读书，想要提高自身的文化修养，以追随丈夫、贴近丈夫。可柔石却为素瑛学来的陈腐气，感到周身悲哀。

让步：在小学里"高飞意志之艇"

　　1924 年初，柔石经妻舅吴文钦介绍，去往慈溪县普迪小学教书。在慈城西郊（今属宁波市江北区）的普迪小学，是慈城旅沪实业家秦润卿发起创办的一所私立小学，规定毕业成绩优良者可免费送入中学学习或是介绍到上海工商界当学徒。开办伊始，学校着重招收贫寒子弟，不仅让他们免费就读，还提供书籍文具。不几年，学校声名鹊起，一度成为私立小学中的佼佼者。

可等到柔石入校任教后，却发现实际情况和他理想中的教育事业南辕北辙。时任校长林黎叔为人苛刻庸俗，对教学不闻不问，只一味敛财扣钱，教员工资被压到最低。因林黎叔身兼十所小学的校长，又被当地人鄙呼为"贼"（方言"十"的谐音）校长。

对于师范毕业、怀揣教育救国理想的柔石来说，残酷的现实让他逐渐意识到，纷乱的年代里人人只想着自己，极少人有真正关心教育事业。1924年3月2日，他在日记中写道：

> 我又漂流至此了，为食物所诱引，物质的势力的侵入，左右其存在目的的东和西，使其生活之变态。人类呀！你不过［是］一只没翅膀而飞行觅物的禽类罢！太苦了！消失了真正的主宰力。在一来复（即一星期）前，用他主观的意志来比现刻所包围的立足点，是怎样的水石之异性！

一位经受过五四运动、接受了民主科学先进文化启迪的青年，只愿自己的祖国和人民告别黑暗，奔向幸福和自由。可眼前的社会"却一片模糊暗淡似古墓样"。回忆自己迄今的生活历程，柔石觉得犹如"梦中游荒山"，他惊惜时光飞逝，勖勉自己仍要为理想奋斗，追求真正的人生价值。他为自己写了一张格言：

　　活着要活的痛快，
　　死了便死个清确，
　　平复！莫忘人生真正的意义，
　　你本身的价值！

他常对自己说：

　　你应当高飞你坚决的意志之艇，以达到环行地球的目的。虽则你年来的目光所射之色彩，不愿荣显之红，时髦之白，但你应该超西马拉雅山峰而俯视太平洋的宽阔呀！从今后，决愿你明白夜和日，明白生存和死亡，生存和死亡所拴系的切要意味！
　　……
　　假如我的心是一块冰，那冰也有消溶的日子；假如我的心是一块铁，那铁也有锻炼成钢的可能；假如我的心是一块石，那石也有雕琢的祈望。

柔石不愿媚俗取巧，也不甘沉沦堕落，他决意要吹散额前躁郁的厌气，开始积极进行自我调节，主动在生活中寻求排遣。7月3日晚餐后，在荧荧篝火的牵牛棚下，柔石与十来位同事聚坐观星、自由漫谈，他们互相诉说着个人的经历，神不自主地嚼着杨梅，惬意地呷着白酒。在柔石心中这是小学教师最高的清福，他直呼："舒哉！畅哉！……真美乐哉！"过了3天，柔石又约上同事、学生一同去西辕岭采摘杨梅。日光如烈火炽盛，但清风幽凉，大家虽汗流浃背，却倍感精神畅快。路上多有负荷杨梅、提载货物的农夫，因身心愉悦，来往行人在柔石眼中都有着一副可爱的面庞，"老者则慈祥可亲，壮者则勇毅可敬，少者则清和可爱"。

尽管当小学教员不是柔石理想的职业，但他还是负责地工作着，在教学中倾注全力。为教育培养孩子，柔石先后创作了童话《真儿有四样了》《许多野兽很淘气》《明儿寻母记》《聪明的瞎子》作为故事课的教材。此外，他还根据一种英译本陆续翻译了德国"格林兄弟"的《很有本领的猎人》《玫瑰花》《糖粥》《小白蛇》《红帽儿》《两兄弟》《金小孩》《小驴子》等多篇童话。

也是这一年，1924年11月2日，吴素瑛再产一子，柔石以《山海经》中"天山……有神焉，其状如黄囊，赤如丹火，六足四翼，浑敦无面目，是识歌舞，实惟帝江也"为据，为儿子取名"帝江"。

《疯人》：文学旅程上第一个脚印

一天的教学工作结束，随着学生和本地教师陆续离校，夜晚的普迪小学格外清静。柔石钟爱这份独有的宁谧，回到宿舍稍事休息后他便端坐案前，抬手拾起笔架上的毛笔，兀地顿了顿，便开始低头创作起来，破旧的灯盏里火光摇曳，映照出柔石苍白瘦削的脸。正是在许多这样的夜里，柔石写就了《船中》《前途》《生日》等作品，其中，短篇小说《生日》当时虽未公开发表，但是他第一次署用"柔石"这个笔名。而首次以"柔石"公开发表的文章，则是在1928年10月3日出版的《奔流》第一卷第五期上刊登的小说《人鬼与他的妻子》。

年底，柔石挑选了自己比较满意的几篇小说，辑为一册，定名《疯人》，署名赵平复。他自行设计、校对，自费托人在宁波华升印书局印刷，并于1925年元旦出版，集内的6篇小说分别为：《疯人》《前途》《无聊的谈话》《船中》《爱的隔膜》《一线的爱呀》，透露出一个敏感的、涉世未深的青年对个性解放、恋爱自由的呐喊与执着。虽然由于阅历和见识的限制，作品的题材和其所反映的社会面较窄，但仍能从中感受到新文化浪潮对柔石的冲

柔石的小说《疯人》

击，也进一步映衬了时代的悲剧性。

　　这是柔石第一本小说集，其中《无聊的谈话》《爱的隔膜》多带有自传体特征，是柔石那段时间生活的镜像，充斥着找不到人生出路、无力反抗黑暗势力以及不得所爱的苦闷无奈。以小说《疯人》为例，描写了一个贫穷漂泊的青年和收留他的主人的女儿恋爱，而主人是乡间望族，他驱逐了这位多情的青年，又逼死了自己的女儿。青年得知自己爱人的死讯后便发了疯，他打起写着"爱"字的旗帜，唱着爱的颂歌，四处寻找他的爱人。最后他来到江边，似是看见爱人轻歌曼舞地踏浪而去，他遂即破入江流拼命追逐，走向生命的终结。柔石借疯人的病态行为，鞭笞社会对人性的压抑。

随着相处的加深，同事们越发欣赏柔石的品德和才情。大家时常聚坐在一起，谈论些报纸上的新闻，发表些时事上的议论，辩论些思想上的是非。为进一步提高同事间聚会漫谈的质量，校内进步教师钱助湘等号召大家组织读书会，主张大家彼此学习、每次讨论限定的主题。柔石加入读书会后，业余生活变得充实又忙碌。大家纷纷拿出进步书籍交流意见看法，讨论由过去的漫无边际，变得集中而深入，突出了科学与民主的思想性，也不免流露出对时局和学校的不满。

正当读书会开展得如火如荼之时，突然冒出个獐头小人，向校长诬告读书会对他的非议。林黎叔勃然，以"干预校政""失规失职"为名悍然将钱助湘辞退，这一霸举引起一众教师公愤。一天，林黎叔从宁波来校，柔石等教师抓住机会，将他围堵诘问。林黎叔惊慌失措，原本口吃就说不清楚，这下一弄更是连完整的句子都吐不出，不弗数语便慌忙而去。教师们群情激昂岂容他逃，一路追向火车站，林黎叔被迫躲进车厢逃离。结果仍然是不了了之。

激于义愤，柔石决定离开普迪小学。就这样柔石又回到家中。

三

北上南回寻一盏明灯

ROU SHI

挣脱：北大里的"野鸡学生"

为了能够继续学习，摆脱日复一日平淡如水的生活，柔石决心北上寻找机会。1925年，春节刚过去没多久，满怀求学热忱的柔石和宁海同乡钱之江、邬逸民，辞别家人登上了开往北京的列车。原来，早先同在浙一师读书的同学、晨光社社友潘漠华此时已考入北京大学一院（文学院）预科。北大作为新文化运动中心、五四运动策源地，历来是觉醒青年们心向往之的精神殿堂。通过和潘漠华半年间的书信往来，大家羡慕之余内心滚烫，去北大旁听的计划已然成型。

得知老同学要来，潘漠华赶忙为他们在北大附近的孟家大院（今金丝胡同）通和公寓订了房间。他乡故知在京中相聚，对身处异地的每个人来说都是心灵上的莫大慰藉。久居江南的柔石初到古都，便为城中恢宏的历史风貌、活跃的文化氛围而倾心惊喜，大呼"江南不能值"！刚到第一天，就兴致勃勃游览了中央公园（今中山公园），"北海滨、景山麓"也顺带看了，觉得"实在雄壮"。

不久，办妥了手续后，柔石便开始在北大旁听生物、英文、世界语等课程。最令他感到"平生之乐事"的，当数聆听鲁迅讲授《中国小说史略》了。鲁迅在新文化运动中竖起了一座不朽丰碑，高高矗立在柔石心上。在北大课堂上，柔石第一次见到了崇敬已久的鲁迅。

　　每逢上课，大礼堂内人头攒动，学生们济济一室，连门窗外的走廊里都挤满了人。此番终于能在北大课堂上，现场亲聆鲁迅先生授课，柔石压抑不住内心的激动。早在浙一师求学时，鲁迅那反封建的由衷"呐喊"——《狂人日记》，就让柔石读得废寝忘食。鲁迅用犀利的笔法，一针见血地指出中国封建礼教是人吃人

北京大学红楼旧貌

的本质，令柔石深感振聋发聩。之后，他把鲁迅诸多著作都一一读遍，并细细琢磨，也为自己的文学创作不断汲取养分。

鲁迅1920年12月来到北大讲授中国小说史，每周一堂课，每堂课两小时。一开始，课上用的是小说史的油印讲义，随课程发展，陆续将散页发放给学生。等到柔石入学旁听时，油印讲义已变成由北京大学新潮社出版的正式教材了。至今，柔石留存的藏书中，还有2本鲁迅著的《中国小说史略》，其中一本书后写有"平复，北京"4个字，就是柔石在北京听鲁迅讲课时用的学习资料。

鲁迅讲课广征博引，语言幽默生动，语调平缓有力，吐字清

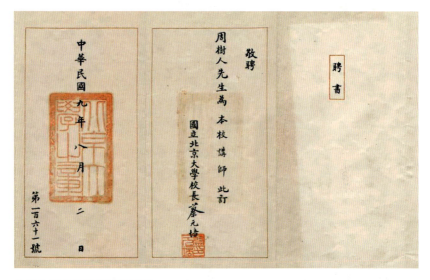

北京大学向鲁迅发出的聘书

1925 年 9 月柔石在北大旁听时日记

晰，课堂气氛活跃，常引得学生笑声连连。鲁迅的普通话带有浓重的绍兴口音，与柔石家乡的宁波话有相近之处，听来特别亲切。柔石对鲁迅有着一种特别的亲近感，他详细地记笔记，不放过先生的每一句话。但这场师生之缘仅限于课堂之上，柔石并未与鲁迅有过直接交流。

鲁迅曾以日本厨川白村的《苦闷的象征》为教材，讲授文艺理论，后来柔石在宁海中学教书，也将《苦闷的象征》中的一章——《创造生活的欲求》选为教材，作为自编的《国语讲义》中的第一篇。也许自旁听之时起，柔石便暗下决心日后必定要在文学领域有所作为与鲁迅结下深厚缘分。随着课程内容不断深入，柔石不仅课上认真听讲，课下还因受到鲁迅的启发，利用学校图书馆资源花功夫搜集资料，渴望编写出一部《中国文学史略》。

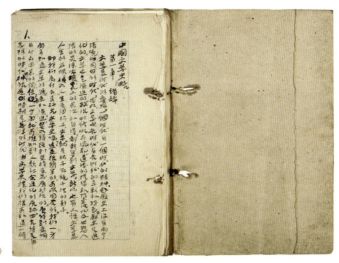

柔石遗作
《中国文学史略》

对于旁听生这个角色，柔石曾调侃自己："不是学生，实在算不得学生！或者……说是'野鸡学生'！"旁听对于柔石来说是一种无奈的妥协，因为家庭情况不允许他做一名正式的学生。父亲始终认为教师是令人尊敬的职业，曾劝他考北京师范大学。然而，柔石不得不面对现实生活中的开销负担，师范大学要读6年之久，他孤身在外没有稳定的经济收入，也不好总向哥哥借钱。

在北京，除与邬逸民、潘漠华、冯雪峰等几位老同学朝夕相处外，柔石还先后结识了镇海人王衡（鲁彦）和诸暨人姚蓬子。因为都热爱文学志趣相投，且都是浙江人，相遇在遥远的北国大家彼此都格外亲切。

狂飙：只剩一个"战"字

在剧变的年代，安宁的生活太过短暂。1925年5月15日，上海，日本纱厂工头残忍杀害工人代表、共产党员顾正红，广大工人、市民、学生义愤填膺，怒不可遏。28日，中共中央号召全市工人与爱国学生到南京路举行示威游行，抗议帝国主义暴行。5月30日，上海各大、中学校学生2000余人分散到公共租界繁华的马路，进行宣传、讲演和示威游行，又有100多人先后被捕，被关进南京路老闸捕房。这更加激怒了广大民众，数千人直奔捕房，要求释放被捕者。孰料租界英国巡捕突然开枪，打死13

五卅运动爆发

人，伤数十人，南京路上陷入一片腥风血雨，震惊中外的五卅惨案爆发了。上海民众多年以来因帝国主义长期侵略所郁积在胸的仇恨，如沸腾的岩浆喷涌而出。6月1日，声势浩大的反对帝国主义的总罢工、总罢课、总罢市开始了。

江南河北，异地同悲。为加强对各阶层人民斗争的统一领导，当晚，中共中央决定把斗争扩展到全国。在中国共产党的领导和推动下，五卅运动的狂飙迅速席卷全国，各阶层广大群众积极响应，迅速加入了这场反帝爱国运动。随着风暴向北京席卷而

五卅运动爆发时上海总工会游行队伍

五卅惨案爆发后，6月1日全市罢工、罢课、罢市，这是在南京路上的上海民众

柔石画传

北京群众示威
声援上海工人

来，北京学生、市民在以李大钊为首的中共北方区委领导下，英勇地参加反帝爱国斗争。鲁迅也汇入五卅洪流，倾力支持北京女师大斗争风潮。

全国各地约有1700万人直接参加了运动，从通商大邑到偏僻乡镇，到处响彻"打倒帝国主义""废除不平等条约""退外国驻华的海陆空军"的怒吼。"五卅"犹如一根刺痛国人麻木精神

表现五卅运动的木刻版画，
陈光木刻《五月之回头》，
鲁迅藏

的钢针，对全民族觉醒，尤其是青年觉醒起到推动作用。爱国的
青年学生进一步看清了中国的出路，那就是跟着共产党走，同帝
国主义和反动军阀战斗到底。

红五月的反帝风暴一开始，柔石的心情便在"天天看报"中
被烧得"一身如火"。眼前是如浪的游行队伍声势浩大，耳边是
"打倒帝国主义！"的震天回响，在触手可及的激烈的斗争中，却
由于柔石既非正式学生，又是他乡异客，故而他虽在校，但不在
"北京各校沪案后援会"组织之列，社会上"爱国团""国民大会"
的组织也轮不上他参加。加之他自身性格矜持，少言又几分内
向，只急得空中抡拳原地打转。

他孤独又怨艾，惭愧而激切，所见所闻起伏跌宕郁积难遣，按捺不住胸中的爱国烈焰，柔石开始反省自己，对自己只会埋头读书，未能参与现实斗争作了严厉批评，他在日记中写道：

五卅！五卅！别人的血是何等沸！而我却没有帮她出过一颗汗过！什么爱国团，示威运动，国民大会……和我全是风马牛不相及！他们结队呼喊着走，而我却独自冷冷静静地去徘徊，好似亡了国，都不相干似的，我好算国民么？惭愧，惭愧！

未能直接投入现实斗争的遗憾始终令柔石无法放下，莽莽神州没有进洒怒吼的一隅，在痛饮几杯烈酒后，他掷出一首翻涌的战曲：

尘沙驱散了天上的风云，
尘沙埋没了人间的花草；
太阳呀，呜咽在灰黯的山头，
孩子呀！向着古洞森林中奔跑！

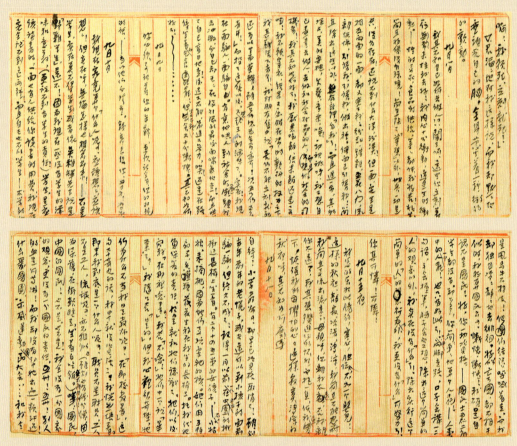

1925 年 9 月 8 日、9 日、15 日柔石在北大时日记。在日记中表述了对如何"做人"的思索，特别是五卅运动，使他开始省悟到个人命运和国家兴亡是紧密联系在一起的

柔石画传

陌巷与街衢，
遍是高冠大面者的蹄迹，
肃杀严刻的兵威，
利于三冬刺骨的飞雪！

真正的男儿呀，醒来罢，
炸弹！手枪！
匕首！毒箭！
古今武具，罗列在面前，
天上的恶魔与神兵，
也齐来助人类战，
战！

火花如流电，
血泛如洪泉；
骨堆成了山，
肉腐成肥田。
未来子孙们的福荫之宅，
就筑在明月所清照的湖边。

呵！战！
剜心也不变！
砍首也不变！
只愿锦绣的山河，
还我锦绣的面！
呵，战！
努力冲锋，
战！

尘沙成了社会黑暗和凶险的象征，"尘沙"驱散了"风云"，
驱散了"花草"，就连光明的君主"太阳"，也只能"呜咽在灰黯
的山头"。在这首革命诗歌《战！》里，柔石一改往日哀怨缱绻的
文风，舒展出昂扬激亢的意气，他以字句熔炼成子弹，誓与一切
旧恶势力决裂。其中，呼号用暴力手段与黑暗势力作殊死战斗的
激昂高亢，是柔石此前作品中所未见的。无疑五卅运动的震颤，
成为柔石由悲观隐忍到奋起抗争的转折。此诗见附于柔石写给陈
昌标的信中，诗前写有"赠我昌标置之座右弱弟复作"字样，用
以自警与互勉。

五卅运动的大潮掀起后，柔石的思想转变体现在，他开始抛
弃小我寻求大我，产生了更为"革命"的理想信念，他将个人对

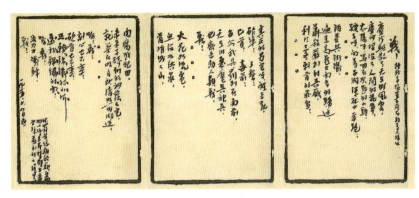

《战》手稿

现实的不满融入向黑暗社会抗争的洪流，把个人命运和国家命运紧密联系起来，用小说、独幕剧、诗和散文等多种形式，创作了大量作品，并在其中发出改造世界的呼声。

力攀：理念与行动间的高墙

入京以来，柔石开阔了眼界也增长了学识，他热心关注政治，希冀着以昌明教育，开启民智来改造社会。可要将头脑中的理念，落到具体行动上，他依旧惆然。眼前的生活，处处制约着他。原本来京，柔石想着将自费出版的小说《疯人》卖完，再继续作文，以此供养读书。结果却令他大失所望，在北京"一边各处小说卖不了钱，一边做不起文章"，虽然父亲有心让求得正式的大学文凭以谋求好前程，可父亲并不了解在京求学的费用，家里寄来的钱，尽管柔石很节约地使用，还是入不敷出，有时竟然窘迫到没钱买早餐。加之买书欲望强烈，柔石常常一拿到钱，不是付饭费而是又跑去买书了。

在北京的日子艰苦清贫，但柔石仍然保持乐观，在给家人的信中他自述身体各方面都挺好，希望哥哥不要为他悲伤，并转告父母不要挂念。他下半年仍旁听北大哲学、英文两科，而明年"总当谋一所做事吃饭的地方"，以后就再不读书了。他在信中劝慰家人：

> 做人应该尝些苦，才可算真正的人，读书人更应该从苦中磨练出来，才能够懂得比书中深一层的道理。

柔石秉性向内善思明敏，外表看来少言寡语平静微笑，实则内心细腻无时无刻不在感知着社会和人生。特别在夜晚，当大地沉寂人们熟睡后，他常在如豆的灯光下掩卷沉思。有时熄了灯，还兀立窗前，面对黑黝黝的夜，任思绪的浊浪翻卷。间或朋友们白天见他神采上有些异常，便关心他怎么了，柔石就淡淡地回答，"失眠了！"其实并非失眠。

在京的一年，可以说是柔石毕业离校后读得、想得、写得最多的一年。这一时期，他创作了大量作品。

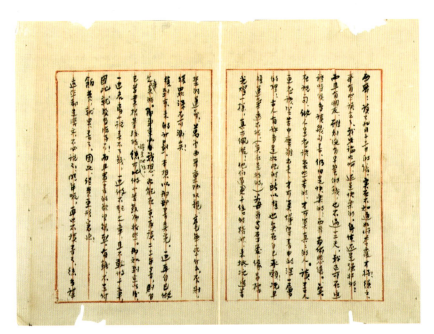

　　独幕剧《读过书的报酬》、小说《刽子手的故事》《丽丽的信》《丽丽的来》《这就是爱么？》《C 的死》《C 君的死》、散文《对花》《诅咒》、诗歌《战！》《解脱》《赠艺术家 P 君》《梦》《愿》《熄灯后，兀立在窗前》《二位姑娘》《秋风从西方来了》《深夜的悲哀》《赠命运使者》《我去》、四幕诗剧《无题之一》。

　　特别是作于 1925 年秋冬的四幕诗剧，长达 1100 余行，这部诗剧的手稿曾由鲁迅收藏。无论是在书信、日记，还是在文艺创作中，柔石总在关注两个主题——社会现实和爱情。对社会现况，他憎厌不满，作品中表现出要打破、粉碎现实世界的抱负与决心。而他笔下的女性，则是那么纯洁美丽的化身，反映出他对美好爱情的憧憬与渴求，以及自身婚姻中的遗憾与隐痛。与前一阶段作品不同的是，除了刻画出自然的生命感受，更折射了柔石立足生活，对社会的反思与寄望。

小说《C君之死》主人公C君早晨起来没有铜子买早点，前去看望朋友P君，却发现对方同样身无分文，连吃的食物都是向店主赊欠来的。雪上加霜的是，房东又来催逼房租。饥寒交迫的青年发出忿恨的呼喊："生活！生活！你简直是我的仇人，我真不要你了！"他痛苦地说："我憎恨白昼，我厌恶白昼，白昼使我肚饿，使我头昏，因此，我每夜走上月光，在天安门外徘徊，有时还挟着一本书，有些精神沐浴的意思。"勾勒的便是柔石在北京生活的窘困。作品中多处出现的"C君"多是他自己的化名。当年柔石购得新书，也常有在扉页内用外文"Chao Buifw"自署的现象。"C"即是"Chao"的缩写，"C君"亦即"赵君"。以字母来指代人物姓氏，是五四以来新文学作品中颇为流行的一种风格。

小说《刽子手的故事》，是柔石在京时所作比较成功的短篇小说之一。它取材自当年家乡宁海流传颇广的"杀头老金"真人真事，"金巨川老爷"亦有原型。柔石在创作中并非简单地为他们改名换姓，平铺直叙，而是艺术地虚构了一个适合于人物登场的酒馆，以典型环境让"刽子手"以第一人称自白。通过边喝酒边自叙的松弛氛围，刻画了一个不知羞耻、面目可憎的刽子手形象。并通过他第一次被雇杀人的情节，让人们进一步认识到"刽子手"的愚昧残忍。但其背后真正罪大恶极、灭绝人性的杀人犯，还应首推"金巨川老爷"，他是封建统治阶级的代表，封建制度的化身。为维护自己权益压迫他人的私欲，不惜以金钱为诱饵，教一个从未杀过人的人，走上杀人的路，害死了自己的"姨太太"和亲生儿子。柔石在无形中为封建制度的牺牲者——被杀害的青年男女手书了血和泪的控诉。原本流传的粗糙缥缈的民间故事，经过柔石的艺术加工，被赋予了深刻的思想意蕴和价值内涵，成为时代的真实写照。

南归：创办私学奔走沪杭

一年的时间很快过去，卖文谋生的理想终告破灭，柔石自嘲名义上是"旁听"，实则成了"跑马路借钱"，忍饥挨饿不说，新学期开学在即，买书费用尚未着落，况且身体不好，胃病越来越重，这一切不得不使他中止学习。北京已不可久留，柔石便打算回到"绿色的海滨"，寻一处做事吃饭的地方，先安定生活再说。

离京前，内心很是不舍，柔石作了一首题为《我去》的诗：

昏黄落日如苦油，
空中满是烟雾气。
榨我身如泥，
挖我心如蜡，
苦闷的北京城，
苦闷的世界。
我去，我去，
那绿色的海滨。

1926年春，柔石辞别北国师友，甫抵上海，再度访晤了潘天寿和严苍山，彼此畅叙别情后，严苍山安排柔石在自己家中暂住，并帮他一同找工作。

柔石离京前后，正逢北京发生三一八惨案。媚外卖国的段祺瑞军阀政府，丧心病狂地用飞舞的马刀和呼啸的枪弹，屠杀反帝爱国的请愿学生和群众，致死47人，受伤200多人。女子师大学生自治会主席刘和珍、杨德群和张静淑等英勇牺牲。碧血溅京的惨案很快传到柔石耳朵里，他一腔愤懑，真恨无处可泄，遂"收拾青年们失落着的生命的遗恨"，锐意创作了长篇小说《旧时代之死》。仅半个月左右时间，他一气呵成草就了上半部。

在上海，柔石不意间碰上了浙一师同学、湖畔诗人汪静之。他也在失业中，租住在宝兴路悠远里一间小楼内。因当年在晨光社时彼此志同道合，为了方便交流切磋文艺，柔石辞别严苍山，搬来与汪静之合住。这时，他又遇上了镇海人王方仁。王方仁精明能干，其时正与一两个同道，共谋在杭州创办私立中学之事。柔石质朴的性格、较好的学养，特别是刚从北大进修回来的经历，让王方仁认定柔石应是自己办学的好伙伴。当他说明意向时，怀揣教育救国理想的柔石立刻表示愿意参与。

为在杭州创办私立中学，柔石开始频频奔走沪杭。浙一师另一个同学童中岳，此时正在杭一中教书，他的住处便成了柔石在杭州的落脚点，童中岳还帮柔石找了一些代课之类的工作来做。柔石在《〈旧时代之死〉自序》中说过，"后来杭州有点教书的事情叫我去做，就在杭州的空余之暇完成了下半部"，指的就是这段生活。

时近清明，严苍山拟回乡探亲、扫墓，相约柔石同行。柔石为办私立中学正是繁忙，就婉拒了。4月21日，他给父母的家书中说：

前者本欲与苍山兄一同返里，后思优游乡里，终不成事。虽时仅三月，而儿在外与不在外，关系下半年实非浅鲜。以此儿之回家，竟不果行。近者儿与二三友人商起，想儿辈自己到杭州去创办一私立中学，地址已着。拟开办费一千元，百元一人。儿共友人已成七人，一边函请三位先生同队，如三先生不却，则十人之数已满，想三先生也必乐从。一边又函请儿辈许多相熟之中国名人，认为该中学董事，于招收学生上，很有多多帮助。如此举成，则儿偕二三友人将至杭州筹备，是则下半年即可招收学生矣。儿之友人中，半多做过中学教师，努力办一初中，当不无相当成绩，此可断言也。

在杭州创立私立中学，终非易事。虽柔石满怀热望，为之而东奔西顾，但困难种种学校未能办成。柔石一直工作无着，体力的消耗加上精神的打击，难免思想苦闷，他开始咯血生病。不得已，是年夏天回到家乡宁海养病。

四

惊醒一场教育救国的梦

ROU SHI

养病：初遇"消夏社"

柔石在外时，家中个个都好生惦念，没承想如今回到身边，一副病躯精神恹恹，竟成为闲坐吃药的病人。家人各自琐琐碎碎地终日操劳，尽管个个都爱他，但越是爱，越对他的身心状况不解。父亲语气凄凉地问他："一个青年，竟这样憔悴，连背都驼了。""你今年正25岁呀，正该是壮气凌人的时候，你却带了一身的悲和痛，躲避在家里，什么心事呢？"

与家人思想观念上的差异，使柔石不愿过多吐露心声，何况家中侄儿、孩子时常发热、生疮，以致人人心烦意乱。回家并未解决柔石思想上的苦闷，反而更加严重了。他感到"家中嘈杂纠纷，不能读终一篇书，除吃药外，于我身毫无裨益"。他暗自神伤，频频向外界朋友们发信，希望有个"做事吃饭的地方"，早日离开家中独立自强。柔石自传体小说《一篇告白》便记述了在家养病时与家人间的矛盾。

尽管如此，养病期间柔石还是静心阅读了自沪杭买回的，包括古今中外文学、音乐、美术著作等书。如今，收藏在左联会址纪念馆的柔石藏书有《涡堤孩》《薄命女》《格里佛游记》《浮士德》《尝试集》《西洋音乐与诗歌》《西画概要》以及《人间词话》等。柔石在王国维的《人间词话》第27页"诗之三百篇十九

《人间词话》

《欧洲文艺复兴史》

《欧洲文学史》

《中国文学史大纲》

《德国文学史大纲》

《格里佛游记》

《西洋音乐与诗歌》

《西画概要》

《尝试集》

首，词之五代、北宋，皆无题也，非无题也，诗词中之意不能以题尽之也……诗有题而诗亡，词有题而词亡"的天头，作了如下眉批：

　　言情诗，大概不能作题。寓意诗，大概要有一题，反而显现。王师尚不知此！有时如什么怀古，如不将地名写出，只有一个曲名，读者不易懂其地方情感。

　　正值 1926 年暑假，"消夏社"补习班在宁海开办了。在上海大学学习时参加中国共产党的宁海青年党员蒋如琮、范金镰

《人间词话》眉批手迹

等，目睹社会之衰落、政治之黑暗、文化之落后、教育之破败以及道德之颓丧，自感国家兴亡，匹夫有责。他们联同 1925 年秋在上海成立的宁海旅沪同学会成员章广田、俞岳、王育和等回乡组织"消夏社"，指导宁海学子学习文化和科学知识，同时着手筹备创办宁海中学，力求在开创家乡中等教育的同时，发展党的组织，培养革命骨干，建立革命基地，以响应和迎接国民革命军的北伐。柔石在家期间，曾一度应邀参与了"消夏社"活动。

几个月后，草创的宁海中学于 1926 年 9 月 10 日正式开学。学校一成立，就建立起党支部，成为宁海第一个党支部。此时，柔石已离开宁海去邻县的镇海中学任教。半年的萍踪浪迹，经历过沪杭滞留、回乡养病之后，柔石终于找到谋生之地，开始有了稳定的收入。

漩涡：执教、"清党"、分家

镇海，在宁海北面，位于东海之滨，是浙东的门户。从宁海前去，须跨越奉化、鄞县、宁波三个城市，自求学杭州之时起，柔石就在乘轮船去上海的途中，多次目睹过"镇海关"雄姿。镇海中学坐落在城东梓荫山南麓，原为总持寺旧址。前身是镇海县立中学堂，1915 年，因资金短缺曾一度改制为乙种商业职业学

20 世纪 20 年代的镇海中学

1992 年，镇海中学师生为纪念柔石诞辰九十周年，建造柔石亭，柔石长子赵帝
江为亭题名

校，不久终至停办。1926 年秋，恢复中学建制，定名为县立初级中学。

这时，国民革命军北伐胜利的消息不断传来，人们对国家，民族的前途又重拾了信心。学校内，沃醒华是当时镇海最早的中共党员之一，他积极联络城区各小学，开展反帝、反封建、打倒军阀除强暴的革命宣传活动。在大革命形势的感召下，柔石心头郁结的阴霾不断消散。初次当中学教员，柔石兢兢业业，认真教学，他既用现成教科书，又自编大量教材，鲁迅的《阿Q正传》《风波》等作品都被他编入讲义。知识广博的柔石上课深入浅出，同学们每次都听得津津有味。他还积极参加校内的进步活动，在师生中赢得了声誉。学期结束前，校长专程来到柔石宿舍，不仅褒扬有加，为他送上续聘的聘书，还请他担任下学期的教务主任。

柔石十分珍惜在镇海中学教书的这段生活，每天都会将所感所思写进日记，他创作的《二月》就是以镇海为背景的纪实小说。镇海县在小说中被称为芙蓉镇，宁波市被称为海市，普陀山被称为女佛山，而镇海中学就是芙蓉镇中学，情节中融入了大量柔石在镇海教书时的见闻。

1926 年初冬，吴素瑛生产一女。柔石反对轻视妇女的封建意识，遂以"大海积于水滴、高山起于微粒"为喻，为爱女取名

"小微"（也叫"小薇"）。

1927年2月18日，国民革命军克复杭州，月底克复全浙，彻底赶走了"北佬孙传芳"，推翻了北洋军阀在浙江的统治。宁海人民，一个月前还曾经受浙督周荫人所部与原浙军第一师双方轮番进驻县城、激战于相见岭的宁海战役之苦，如今始获安宁，更加喜悦。

是年新春，柔石在家乡欢欣祥和的氛围中度过了佳节。年后，他满载喜悦之情，回到镇海县中担任教务主任之职，岂知不到两个月，蒋介石授意的反共"清党"，便像乌云压城般袭卷而来。宁波《民国日报》经理、国民党左派庄禹梅和中共宁波地委

杭州光复后的街景

委员王鲲、杨眉山被捕，宁波成为最早遭到反共"清党"的地区之一。接着，上海四一二反革命政变爆发，全国笼罩在一片白色恐怖之中。

四一二反革命政变一角

5月30日，镇海县工、农、商、学、妇各界借镇海中学礼堂举行五卅运动两周年纪念大会。柔石意外获悉国民党军警即将来校捣乱并逮捕学生会主席余一飞，即便当时他对"清党""四一二"还缺乏深刻认识，但国民党当局竟也像军阀政府那样残暴专制，令

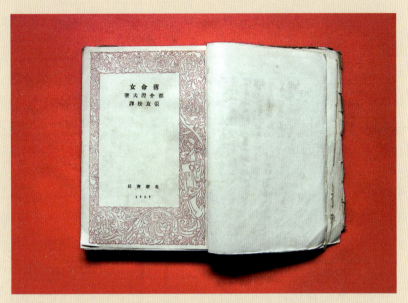

柔石收藏的书籍《薄命女》

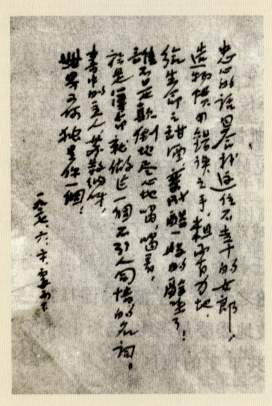

《薄命女》书后手迹

他十分痛恨。他想着纪念五卅运动是发扬反帝爱国、民族自尊自强精神的体现，何罪之有？至于余一飞，柔石了解他是一个追求进步、追求真理的好学生，居然要惨遭牢狱之灾，实在叫人气不过。于是柔石急中生智想了个办法掩护余一飞，让他得以从学校后门顺利脱险。

紧接着6月，柔石代表学校出席县里各界代表会议时，再次获悉反动当局要逮捕镇海中学学生、青年运动负责人周浩然，他毫不迟疑立即借故离场通风报信，使周浩然逃过一劫。为避免当局猜疑威胁，没到暑假，柔石便借故辞职，前去杭州童中岳那边暂住，以观局势之变，另谋生活出路。

在那个闷热的夏天，柔石在杭州街头买回了北新书局新出版的由俄国屠格涅夫著、张友松翻译的小说《薄命女》，一口气就把它读完。柔石联想着当前的社会形势，以及自己这些年来种种遭遇，随即提笔在书的扉页上写下感受：

> 忠心的话回答我这位不幸的女郎；
> 造物惯用错误之手，粗而有力地，
> 给生命之甜酒，变成醋一般的酸味了！
> 谁不是颠倒地尽心地喝，喝着，
> 于是薄命就做为一个不引人同情的名词。

书中的主人苏散纳呀，

世界上又何独是你一个！

此时的柔石是苦闷的，其中掺杂家庭的琐事。在镇海执教期间，1927年春节过后不久，正当柔石因浙江"光复"而对未来满怀希望之时，家中一封急信请他速速回家。原来，父母感到自己迈入老年，里里外外操持这份儿孙满堂的家业属实吃力，本着世代相传的观念，二老决定给两个儿子分家。

其实，柔石自成亲后，大部分时间都在外读书求职，妻小全赖父母兄长照料。而在父母看来，柔石和哥哥各自有了家室，理应自立门户。于是父母作主，为柔石兄弟析产分家。哥哥平西得西大房房产与"赵源泉"店铺；柔石则与父母同住西厢，分得现金500元，父亲将这笔钱以柔石的名义存入哥哥店内作股金，每年支取分红以抵家用。对于这次分家，柔石十分不愿。

他此前鲜少为日常生活作考虑和盘算。此前养病在家，虽曾感到家中氛围异样，但并未多想，只一心考虑如何实现自己的人生理想。可眼下，父母已做了决定，面对疼爱自己、操劳了大半辈子而日见衰老的父母，再看看哥哥、嫂嫂以及妻子和孩子，柔石想说的有很多，可话到嘴边又觉得多说无益，只好顺从接受。他默默无语，独自步出家门，到崇寺山早亡的好友赵邦仁夫妇的坟前缅怀倾诉。从当年柔石为赵邦仁夫妇合葬的青草荒冢所授留的一帧照片背面的题记中，能窥见体会到柔石当时的心境：

> 1927.3.14，父母将予与西哥分居，杂事纠葛，心甚悲苦，以此常至崇寺山绕仁友夫妇墓徘徊。墓园五十步，每次必六周，很能体贴生死之滋味。

赵邦仁是柔石浙一师的同学，但早年忧郁病故，他的妻子不久亦亡，夫妇合葬在城郊。柔石在家时，常到他们的墓地对着荒冢青草，默默排遣着自己的寂寞忧愁。

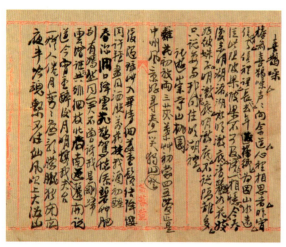

柔石诗稿《喜鹊噪》
《记游崇寺山桃园》

祈望：开展宁地之文化

宁海中学在中国共产党的领导下，一开始就首创男女同校，主张妇女解放，反对封建压迫和军阀统治，揭露社会矛盾，提倡科学与民主，宣扬革命思想。师生们不仅在课堂中演讲《共产主义ABC》，还走上街头、乡村田头去"唤醒民众"。这些进步举动，惊动了地方顽固的守旧分子，触碰到军阀反动当局的逆鳞，威吓、绑架、指控、迫害接踵而来。

1926年11月初，省教育厅在批复知县李涞的报告中称："范金镳……宣传赤化，强拉学生入党，应全省通缉归案，家庭封门。""章广田、蒋如琮无管束教育能力，着驱逐出校。""宁海中学因赤色分子盘踞、扰乱，待实行改组后再复。"于是，范金镳、蒋如琮、章广田先后被迫离校，投奔北伐军；俞岳、王育和等坚持在校的革命教师，在"风声鹤唳、一夕数惊"中，不得不星夜将学校迁避至离城50余里的海游镇去上课。

直到1927年2月，国民革命军克复浙江，蒋、范二人才随军返来，师生们得以扬眉吐气回到宁城。章广田还被推选为代理县长。正当"打倒列强，除军阀"的革命歌声缭绕耳际之时，蒋介石发动的屠杀共产党的四一二反革命黑浪却随即压来。一时间，年轻的学校又罹厄难。宁海中学突然间被包围，中共党员和进步师生有的被捕，有的挨打。学校门窗桌凳多被捣毁，就连师生的行李也惨遭洗劫。蒋如琮、范金镳、章广田、王育和等只能再次被迫出走。

在上级党组织的帮助下，宁海的党组织开始改变斗争策略，由原来公开转为隐蔽。他们调整领导成员，仍以宁海中学为基地，坚守阵地不懈抗争。正是这种背景下，1927年秋，柔石应吴文钦（时任宁海中学教务主任）之邀，来到宁海中学任教，这是个几乎没有薪金报酬的义务差事。宁海的文化教育非常落后，只有几所小学，没有中学。柔石来到宁海中学，用他自己的话说，明知"中学根基未稳"，为了"开展宁地之文化"而"返里服务"。

中共宁海县第一个支部诞生地原址碑刻

宁海中学请他担任国语教师，也教音乐，同时兼任正学小学英语教师。他到校做的第一件颇具革新意味的事，就是根据在镇海中学教学时的体会自编《国语讲义》。讲义第一篇所选，即是在北大课上听鲁迅讲授过的厨川白村《苦闷的象征》中的《创造生活的欲求》，同时还选了法国作家莫泊桑的作品。他一心想为生活在这闭塞保守家乡中的孩子们打开一扇小窗，看看外面的世界。此外，他还选了鲁迅的《狂人日记》、墨子的《兼爱》、屈原的《九歌》和乐府民歌、《古诗十九首》、《胡笳十八拍》的部分诗篇，以及司马迁的《屈原贾生列传》、陶渊明的《归园田居》等古今文学精粹。不仅如此，柔石十分注重音乐的教化功能，他自发为宁海中学谱写了一曲校歌，并在音乐课中教同学们唱：

柔石用过的《国语讲义》

一九二六，夏云拥瑞，

东方升起了歌声；

这是人间的文明，

也是乐园的笑影；

教育是我母亲。

我们琢磨着身心，

我们陶冶着精神；

冲破黑暗的势力，

做个人类的救星；

前途希望无垠。

柔石颇赋乐感，为了上好音乐课他编写了一部《音乐理论讲义》。讲义的第一章是"怎样叫做音乐"，其中写道："人类感情的最直接的表现，是音乐与舞蹈，这两种艺术的发生比较语言要早得多。"他认为，"用音乐来涵养高尚的品性，犹之平素住在新鲜空气中，自然而然养成健康身体"。在讲授乐理时，他带领学生们认识五线谱，并教弹风琴的指法技艺。因学校的缮写员不懂五线谱，他就自己亲手刻蜡纸；对于弹琴的指法，他发挥自己较好的绘画功底，刻附上精致的指法图。柔石所教的歌曲，除校歌外，还有《少年先锋》《大中华》《放足歌》《黄包车夫歌》和自己创作的《农夫》《工农歌》等，都是一些爱国进步、同情劳工疾苦的作品，深受师生们喜爱。

当时同在宁海中学任教的中共党员林淡秋，曾谈起柔石最初来校时，"大家觉得他冷淡、孤僻、傲慢，不能跟大家打成一片。学校生活是一股激流，数百个师生都在这激流里游泳、挣扎，互相鼓励，互相扶持，而柔石最初站在岸上看，后来也参加了，但也仿佛站在船里，跟大家总有些隔膜……他有他自己的天地。下课了，他坐在房里读古书、看小说。吃了晚饭，他回家写他的小说"。尽管柔石教学负责思想进步，但性格内向不善应酬的他，在旁人眼中难免略显清冷，尤其是分家后柔石受家庭生活环境变化的刺激，更加迫切地想要实现人生价值——攀登文学殿堂。于是，他一面虔诚地为"开展宁地之文化"付出着，同时又营造着自己的天地，他痴迷于文学创作，致使本就内向少言的他更是一有业余时间就抓紧读书写作。那段时间，他主要潜心于之前已经完成初稿的长篇小说《旧时代之死》的加工修改，并对它寄予了一个美好的憧憬，"希望卖了这部作品能到法国去"。

自然，那时同事们是看不透柔石的追求的。可很快，大家便改变了对他的印象。一天，柔石忽然得悉国民党省党部密令宁海县政府要缉捕宁海中学训导主任邬逸民的消息。柔石不知，1926

柔石的歌谱《少年
先锋》《大中华》

柔石自编的乐歌

宁海中学老柔石楼

年年初他南回时，尚在北京作清室善后委员会职员的邬逸民，不久便在北京加入了中国共产党。邬逸民是 1927 年离京返杭，担任中共艮山区委书记，这学期正是受组织调派来到宁海中学组建中共宁海县委。柔石只知这位同乡、同学是正直善良、品行端方的正人君子，对他是中共宁海临时县委书记的身份并不知情。

柔石立即将消息急告邬逸民，连夜领他到自己家中隐蔽，同时交代妻子素瑛妥为照料。等风头过后，柔石又给了邬逸民一

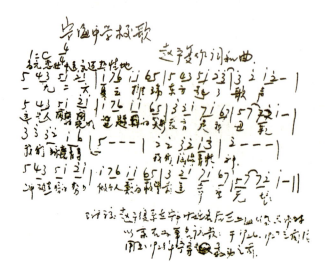

柔石与邬逸民合作谱写的《宁海中学校歌》

些钱物，并帮他化装打扮送出宁海，邬逸民最终得以安然脱险。柔石不顾个人安危、仗义相助的举动，成为他政治品格最好的"亮相"。

打这之后，学校同事开始主动与柔石接近起来。他们发现，原来柔石"内心却非常亲热……做事实事求是，言行表里一致，对真理坚持不屈，有时同朋友辩得面红耳赤，不肯迁就。同情心非常丰富……"，也常有人与他商讨学校教学、训导、总务等各方面工作，使他参与了许多任课以外的事。特别在经费问题上，

宁海县立中学全体教职员合影

现宁海中学改名跃龙中学，
柔石楼也修葺一新

柔石更是和衷共济，苦心绸缪。那时宁海中学毫无经费来源，全体教师凭着一股热忱尽义务。寒假将近，正当校务主任俞岳为发不出钱而犯愁时，柔石积极帮着出主意，把学校仅存的200元钱按教师们回家路途的远近、家庭困难程度分给大家。根据自己日常了解的情况，柔石编制了分配方案，在开会征求大家意见时，他说："这一点点钱算不得薪水，就作为欢送大家回家团聚的盘缠吧！"

他请求大家谅解学校的经济情况，为了宁海的教育事业而承受暂时的委屈。当人们发觉分钱名单中没有柔石自己的名字时，他诙谐地说："我家是近水楼台，一呼即应，用不着车马费！"同事们都为柔石公平正义、克己为人的品德深深感动。

清流：不收火腿的"讨饭局长"

1927年秋，中共浙江省委为贯彻执行中央在汉口紧急举行的八七会议所确定的土地革命和武装反抗国民党反动派屠杀政策的总方针，以及在尽可能广大区域中准备农民总起义的决定，调整补充了宁海临时县委的领导和组织力量，要求在坚持宁海中学这块核心阵地的同时，把工作重点逐步向农村转移，宣传组织农民协会，发展农民党员。

中共宁海党组织自转入隐蔽斗争以来，党员们时常利用教师的公开身份，以热心教育为名义，对国民党政府开展一些有理、有利、有节的抗争，逐步恢复了宁海中学的战斗力，使之成为党的秘密活动机关和重要阵地。为进一步巩固这块阵地，顺利开展党的宣传和组织工作，贯彻执行八七会议决议和省委指示精神，中共宁海党组织认为宁海县国民政府教育局局长这一角色举足轻重。如果国民党派一个积极反共的人来主持教育局，那么党在宁海中学开展的工作便难以为继。因此，争取一个有利于党在宁海中学开展工作的合适人选来主政教育局，是当时宁海县中共党组织反复考虑的一个重大议题。

秋冬之际，经多方面考察，中共宁海党组织决定推荐柔石做教育局局长。因他出身寒微，诚实笃信，看上去埋头教育、专心办学没有党派色彩，其实颇有革命倾向的"中间偏左"，"虽然不是共产党员，却也是同情共产党"的正派人物。党组织一面发动宁海县教职员联合会上书国民党政府举荐，一面活动了几个比较开明的士绅作舆论上的支持。终于在1928年新春，柔石当选为宁海县教育局局长。

对于这一意外际遇，柔石虽然感到与自己原本潜心教学、静心写作的心意有所相悖，但也契合自己"返里服务"为"开展宁地之文化"的初衷——是实践"改革教育""启发民智"理念的好机会。一番思量后，柔石决定"毋负众望"，扛起了教育局局长的重任。

上任后，柔石对宁海教育事业展开了改革创新的双翼：为中学解决校舍和"立案"是一翼；调整全县小学人事安排是另一翼。宁海中学自创办以来的两年几乎都是在"风雨飘摇"中度过的，名上说是中学，其实只是借了正学小学几间旧房子。柔石想"尽量利用职权"使它"稳定下来"，他首先想到要建立校舍。通过调查访问，亲自考察踏勘，柔石选定了当时为"贫民习艺所"使用的前清时期"蒲湖试院"作为宁海中学新校址，计划建一座11间面的砖木结构楼房，为学校今后发展奠定硬件基础。

为筹措资金，柔石多方活动商议，征得同意后启用了台州义赈会拨给宁海的3000元赈灾款，同时他又发动政府机关行政人员、社会贤达以及学校教师到全县四乡募捐，还分头找关系，致函在外地经营的商人，动员他们为造福桑梓出钱出力。他本人更是身体力行，到距城五六十里以外的东乡沥洋、大湖等地，向当地"殷户"募得一笔相当可观的资金。因柔石尽其所能地为建校四处"讨钱"，他被当地人称为"讨饭局长"。

在建房选材罗料、浇筑施工等具体工作中，柔石也事必躬亲。可正当教学楼屋架将要竖起时，忽来一阵大风，将屋架直接刮倒，木材也统统折断，损失惨重。万般无奈下，柔石只好再次筹款，他百折不挠的精神感染着每一个人，大家齐心协力，不久

宁海中学前身蒲湖试院

蒲湖试院大堂遗址

蒲湖试院建于1818年，是中国古代科举制度的产物。大堂后改建为宁海中学礼堂，1935年10月23日下午，国民党总裁蒋介石先生视察宁海中学曾在此向全校师生训话。礼堂拆于1991年。

蒲湖试院遗址铭牌

教学楼的屋架再次被竖起。在建设学校的同时，柔石还想方设法得到上级批准，要使宁海中学成为一所公立学校。为了这个"立案"，他不辞劳苦多次奔波宁杭两地。不仅如此，为保证能及时了解到在校师生的所想所需，他坚持到校上课。这时的柔石，名副其实地"成为撑持学校的要角"了。

当时在宁海这个闭塞的小城里旧恶势力顽固不化，特别在乡间，封建势力依旧把持教育，不仅误人子弟还倚仗权势横行霸市。柔石决意对全县小学人事进行一次调整，他"不顾一切阻挠，毅然把全县小学校长和教职员作了一次大的更动，把新鲜血液注入腐败的教育里，使它蜕变、新生"。消息一经传出，城乡震动。"很多小学校长及企图当校长的都拿了礼物来向这位新局长行礼示好。柔石看到这种行为，当面批评，叫他们先把礼物拿回去再来说话。"

曾经有位校长担心被革职，赶忙到柔石家，给他送来一只大火腿。柔石见状单刀直入，要他"把东西拿回去"，有什么后面再商议。来人不好意思，嗫嗫嚅嚅地还想说些什么，柔石便提起火腿送客，送到天井那人不收，送到门口还是不收，直到送出家门送到路上，逼得对方非得提了回去方才罢休。柔石为革新宁海教育呕心沥血，他那些廉洁奉公、铁面无私的故事至今还为家乡人传诵。

此时的柔石，一改此前回乡面对社会现状被动无奈以致苦闷惶惑的心情。特别是当上局长后，他充满干劲奋发有为，几乎成了富于自我牺牲精神的理想主义者。尽管那时他还不是共产党员，但他上任后的所作所为与中国共产党的指导思想、纪律要求极为相符。他不仅掩护着党在宁海中学设立的县委机关，同时还使宁海中学这块教育、革命阵地得到稳固和拓展，为党与乡村的连结架起桥梁。思想的春风开始潜入黑暗的乡村，土地革命的潜流开始涌动。

宁海中学虽非柔石创办，但他为宁海中学的发展作出了卓越贡献。就在柔石被委任为教育局局长的同时，中共浙江省委还专门派人来到宁海巡视工作，了解情况后，再次改组宁海临时县委。为进一步加强宁海中学党的领导力量，党组织不但让王育和回到宁海中学，还陆续调派边逢春、叶信庄、许杰、鲍寅、蒋象升、卢经训、卢经武、杨大才等外籍党员来到宁海中学，加上杨毅卿、包定、金甘淡等原来在校的党员，阵容可谓空前壮大。

他们中有的是学校的业务骨干，有的是县委领导，有的主管城区、城郊，有的分管边陲地区农运工作，宁海县委一时人才济济。特别是党的土地政策实施后，农民革命积极性普遍高涨，党团组织随之发展壮大。全县先后建立起 6 个区委、70 余个支部，有党员 700 多人，还发展了一定的武装力量。在宁海中学的县委

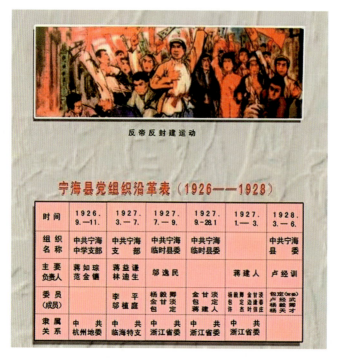

反帝反封建运动

时 间	1926.9.—11.	1927.3.—7.	1927.7.—9.	1927.9.-28.1	1927.1.—3.	1928.3.—6.
组织名称	中共宁海中学支部	中共宁海支部	中共宁海临时县委	中共宁海临时县委		中共宁海县委
主要负责人	蒋如琮 范金镛	蒋益谦 林迪生	邬逸民	蒋建人		卢经训
委员（成员）		李平 邬植庭	杨毅卿 金甘淡 包 定	金甘淡 包 定 蒋建人	杨毅卿 金甘淡 包 定 许吉时信庄	包定 卢经训 杨毅卿 杨天才 武
隶属关系	中共杭州地委	中共临海特支	中共浙江省委	中共浙江省委		中共浙江省委

宁海县党组织沿革表（1926—1928 年）

领导，不但派出教师、学生在乡村秘密活动，还把具有代表性的农民专程请到学校来开会。

一场暴风雨，正在孕育中。

1928 年 5 月 26 日拂晓，中共宁海县委领导的浙江农民起义的先声伟举，在宁海南乡边陲亭旁揭幕，同时成立了革命委员会和红军指挥部。亭旁起义的枪声震惊了浙江省，狠狠打击了地主豪绅，灭了反动派的威风，长了人民的志气。然而胜利是短暂的，此次起义最终在国民党反动当局调集重兵的镇压之下，因寡不敌众而失败。起义被镇压后，城乡上下一片白色恐怖。国民党反动派极尽烧杀、打砸、洗劫、逮捕、刑讯逼供、敲诈勒索、通缉株连之能事，他们从抄获的文件中发现宁海中学是县委机关所在地，便立即把灾殃引入宁城，使得满城风雨。教师潘子炎、顾楚琴等被逮捕，部分学生被扣押逼供。

此时，柔石仍在为宁海中学"立案"奔走外地。回来后，眼前的一幕令他惊愕又痛心，太平的日子太过短暂。这时，他遇上还逗留在城内的非宁海籍教师杨毅卿，出于同情柔石主动提出要护送他到自己乡下的岳父家中隐蔽。杨毅卿是接替邬逸民之后的中共宁海临委书记、时任县委委员，是亭旁起义的主要领导成员之一。起义前夕，组织上决定由他回城联络各地武装起义队伍。他对柔石敢于在这时不避锋镝地关心自己安危由衷感佩，考虑到不能让他因之受到连累，便建议柔石写个纸条作为信物，由他独自前去便是。柔石不但不答应还幽默地说："我是县政府的教育局长，陪你这位夫子走走，不是很入情合理吗？"在柔石的执意坚持下，杨毅卿被成功护送到西乡岳家东溪村，柔石还引他渡溪上山，到山岗顶上"望山人"的茅舍里隐蔽起来。同时让妻舅吴文成在山下路口"望哨"，交待"如果发现有穿警察服装或其他

1928 年 6 月 7 日柔石给父母的信。1928 年 5 月底，中共宁海县委领导的亭旁起义失败，宁海中学被查封。柔石为了探求更有意义的人生，离乡去了上海。这封信是柔石在出走途中所写

不三不四的人，即刻上来通知我"。最终，杨毅卿得以脱险，一路返回台州去了。

柔石自己则以替宁海中学募捐为名，瞒着父母妻子先是去了东乡沥洋，再由沥洋雇船赴荣盘俞岳家中，住了 3 夜，借了路费，又乘船到上海谋生去了。

漫漫夜航终见灯塔光芒

ROU SHI

燃情：向旧时代告别

亭旁起义使柔石更加看清国民党反动派的黑暗统治与残酷恶行，宁海中学再罹劫难，彻底粉碎了柔石"开展宁地文化"的理想，惊破了他教育救国的迷梦。他感到愤恨又凄怆，于1928年6月孤身赴沪谋生。抵达上海后，柔石先是在严苍山家暂住。不久，租居到法租界的一方亭子间内。蛰伏上海的柔石，虽不知究竟前路何方，但较之过去已能"甘苦自守"，锲而不舍地追求着他钟爱的文学事业。8月11日，他在给哥哥平西的信中提到："福羁身沪渎，缠绵两月……夙兴夜寐，努力读书作文，目下已将二十万字一书著好。"这书指的便是长篇小说《旧时代之死》，从书稿最后落款"1928年8月9日午前9时誊正于上海"可以得知，柔石对小说再次进行了精心修改和誊正，仍旧期望卖了书后能"赴海外读书"，以伸展鸿鹄之志。

小说《旧时代之死》情节并不复杂，却细腻刻画出主人公充满矛盾的内心世界——贫病交加的青年知识分子朱胜瑀在生命最后8天的变故与心理。瑀的父亲中年弃世，寡母咬牙供儿子读到大学二年级后再也无力支持。故事从瑀失业患病说起，小说上半部《未成功的破坏》，写瑀失业后，由于性格褊狭，心情压抑，又逢家乡带来母亲要他聘娶谢家女子的口信，苦闷的内心又多了一层白霜，瑀的心态由此发生异变，致使他对房东女儿阿珠做出了莽撞的举动。为此他懊悔不已又身心交瘁开始吐血，只好回乡。下半部《冷冰冰的接吻》，写瑀回到老家却被媒人催婚。为寻求清静，他到附近的妙相庵里借住，被庵主一番佛理感化，就在刚刚找到精神解脱之时，又传来谢家女子因他拒婚而缢死的消息。他愧疚不堪，深觉是自己无意中杀了她，于是狂奔至谢家，对姑娘的遗体作冷冰冰的接吻。经不起现实的残酷打击，瑀最终疯了，服毒自尽。

主人公追求爱与美的圣洁，但情欲之火却使他做出鲁莽之事；他拒绝包办婚姻，但又为姑娘毙命而深深懊悔；他信仰"勿以暴力抗恶"的托尔斯泰主义，但现实却使他告诫别人要"以毒攻毒"；他不愿与社会同流合污，但总是自暴自弃；他想自杀却没有勇气，要反抗社会但缺乏力量……这一切的悲剧都源自瑀的性格狷介又软弱，无法调和矛盾，最终只能被矛盾葬送。

小说最后一章《余音》里，瑀的两个朋友清和伟，在瑀与其未婚妻的墓前有一段对话。他们认为，瑀和他的未婚妻是旧时代的牺牲品，生者应以瑀与其未婚妻的死为纪元，开始新的生活。因此，他们商量要在墓碑上刻上"旧时代之死"五个大字。朱胜瑀是柔石用心刻画的一个接受了新思想又迫于生活走投无路的知识青年的典型，柔石试图通过朱胜瑀这一正面人物的悲剧一生控诉批判旧社会，并希望以此唤醒沉睡的人们一起埋葬腐朽的旧时代。这部作品亦可以看作是柔石告别旧时代、告别旧我的生命自白。

酬志：在鲁迅指引下做"明白的斗士"

1928 年 8 月，从广州中山大学来到上海的林淡秋，在法租界找到柔石。自见面起，二人紧握的双手便久久不放，激动得好一会儿说不出话来。1927 年底，得知广州起义爆发，1928 年初林淡秋便随友人南下奔赴革命。不料到广州时，起义已失败。于是，林淡秋就在中山大学做了旁听生，其间细致系统地研读了五四以来的新文学作品。当时，新文化运动早期的文学团体——创造社正积极提倡无产阶级革命文学，这对于林淡秋来说极富吸引力，于是离开广州来到上海。

柔石向林淡秋谈起家乡起义的情形、自己出走的经过以及朋友们的近况。林淡秋关切地问他，目前生活如何，以后打算怎样？柔石直言，很困难。接着从抽斗里取出两厚册《旧时代之死》原稿，翻了翻说："暂时只好靠这部稿子。"林淡秋问柔石是否已为稿子找好了出路。柔石答："还没有，打算去找鲁迅先生。"对于鲁迅，柔石那时并不熟悉，只是很久以前在北大旁听的课堂上见过，还没等到机会与鲁迅直接交流，二人便被五卅风暴吹散了。

一个偶然的机会，柔石与王方仁在上海重逢，当时一同的还有崔真吾。谁知这次相遇，宛若一场"及时雨"。在谈及彼此生活近况时，柔石向他们提及想请鲁迅帮助出版发行《旧时代之死》书稿的打算。王方仁与崔真吾恰好曾是厦门大学的学生，1926年秋，鲁迅南下执教厦大时，他们曾听过鲁迅讲课。不仅如此，二人所在的泱泱文学社活动，也得到过鲁迅的支持。1927年春，鲁迅任教广州中山大学，王方仁又做过中山大学的学生。自鲁迅来沪住下后，他们几次登门拜访。柔石听后十分钦羡，赶忙请他俩帮忙引荐，迫切地想去拜会鲁迅。

1928年9月的一天，在王方仁、崔真吾陪同下，柔石来到景云里23号。踏进鲁迅家门的这一步，成为柔石生命中重大的转折点。柔石终于见到了先生，他忐忑不安，不知贸然拜见，是否会惊扰先生。然而，一见面，先生那带有浓重绍兴口音的方言，让柔石放松了不少。近距离接触鲁迅，柔石发现鲁迅的超拔人格、深刻思想以及非凡学识令他心潮澎湃，敬仰之情如同千尺山涧决开的积水般无法抵挡。从此，他像夜航中遇见灯塔，渐渐地成为鲁迅眼中不避锋镝"勇敢而明白的斗士"。

柔石向鲁迅忆述起当年在北大聆听《中国小说史略》时的体悟，介绍了这些年来他的个人经历，对社会现状的看法，对文艺

1928 年 3 月 16 日，鲁迅在上海景云里寓所

的喜爱以及创作《旧时代之死》的思想动机和修改过程……边说边把随身带着的书稿呈给鲁迅请他审阅指正。

　　鲁迅对这个诚恳质朴的青年颇有好感，慨然应允定会仔细阅审这部书稿，柔石顿时感到一股热流涌动心头。鲁迅确如他听闻的那般，是位道德高远、足堪依托的师长。按捺不住心中的雀跃，柔石想立刻将这久违的喜讯向家中述说，9 月 13 日在给哥哥的信中，他写道：

福已将小说三册，交与鲁迅先生批阅，鲁迅先生乃当今有名之文人，如能称誉，代为序刊印行，则福前途之命运，不愁蹇促矣！……此事请西哥勿为外人道，以福不愿被人说，"未赖痈，先呼狗"也！

其实，上月在给哥哥的信中，柔石就曾表达过不愿"受人牵掣"去教书，准备"抱求人不如求己之志，愿自己吃苦，自己努力，开辟自己之路"，虽然衣食拮据，但他对教书的态度变得明确坚定，"前福辞某中学教员之位子，实以一做教员，便不能作

1928 年 9 月 13 日，柔石给哥哥赵平西的信

文读书"。更雄心勃勃地"想著一部世界文学史略"。

　　1928 年 9 月，鲁迅因景云里 23 号靠近马路，夜来行人嘈杂，邻居又有个顽童常把杂物扔进他家厨房，扰得生活不得安宁，恰好同弄 18 号有空房出租，鲁迅租下后又商请三弟——在商务印务馆担任编辑的周建人一同搬来。考虑到柔石、王方仁、崔真吾 3 个青年居无定处，鲁迅便介绍他们租下刚刚搬出的 23 号。柔石喜出望外，3 人合议后决定住到那边去。考虑到他们身边没有眷

柔石曾居住的景云里 23 号

属，饮食诸多不便，鲁迅还特意关照他们来18号与自己一起搭伙。这样一来，柔石和鲁迅接触的机会更多了。

1928年12月，上海法租界电车、公共汽车工人举行罢工，上海艺术大学诸多师生因支持工人罢工而被法租界巡捕房逮捕。得知林淡秋也在被捕之列，12月23日下午，柔石徒步走了5里路，又坐了一程黄包车，赶到卢家湾法总捕房探视。捕房告知林淡秋已回校，柔石又找去学校。其时，林淡秋自来沪后见创造社提倡无产阶级革命文学，便进入创造社成员集聚的上海艺术大学就读。当柔石赶到学校时，见他正在呕吐，他诉说起入狱的遭遇，"坐了两星期的牢监，打也打死了，饿也饿死了，每天只有两团黄米饭，盐也没有，连自来水也没有，所以今天出来，见到什么就想吃下去。此刻却吐"。他吐完又接着说起牢内的苦况、所受的严刑以及目前正请律师辩护等事，甚为凄惨。

柔石回到景云里，吃晚饭时和鲁迅说起下午和林淡秋的谈话，提到这次学生被捕和受刑与校方出卖有关，鲁迅说："最好将这种黑暗写成一部书。譬如他们办学的人，现在如此卖学生，再过几年，他又去办学，又会有一批学生去的，哪个再记得他！""中国人素来没有信仰的，从来没有宗教的战争，道士和和尚，会说三教同源，哪里有什么信仰。都是个人主义，只要个人能活下去就是。中国革命之失败，就在这一点。"柔石听罢圆睁着眼睛，似有了泪水听出了神。

正当柔石在鲁迅的指引下，努力追求着真理的光明之时，从未出过远门的哥哥来到上海探望柔石。哥哥初来上海，对一切都感到新鲜又兴奋。平西向弟弟详告了家中的情形，并告诉他素瑛又生了一个儿子，要柔石取名。柔石据《庄子·逍遥游》中"北溟有鱼，其名为鲲，鲲之大，不知其几千里也，化而为鸟，其名为鹏，鹏之背，不知其几千里也"，为小儿取名"德鲲"，寄托他对儿子来日品行、前程的美好祝愿。柔石陪着哥哥在上海游玩了几日，又分别给父母、妻儿买了礼物，托哥哥带回宁海。

蝉蜕：自我激励"7字诀"

住进景云里后，柔石不仅向鲁迅请教学问思想方面的问题更加便利，而且得以似家人般亲切相处。1929年2月9日是旧历除夕，柔石在鲁迅家吃年夜饭时，想起去年在老家过年，因妻子循旧俗要他送灶司，两人发生口角。对比之下，在鲁迅家过年，虽是寄食人家，却充满暖意和兴味：

> 从吃夜饭起，一直就坐在周先生那里。夜饭的菜是好的，鸡、肉都有，并叫我喝了两杯外国酒，饭后的谈天，我

们四人（还有建人先生同许先生），几乎从五千年前谈到五千年后，地球转了一周。什么都谈，文学，哲学，风俗，习惯，同回想、希望，精神是愉悦的。

在似家人般亲切的氛围中，消解了柔石只身他乡孤独生活的凄凉。柔石在同鲁迅漫谈社会现象、交流读书感想以及诘疑问难中时常获得深刻的启迪、宝贵的教益。他曾在日记中写道：

> 好几次，我感觉到自己底心是有些异常的不舒服，也不知为什么。可是，在周先生家里吃了饭，就平静的多了。三先生的一种科学家的态度和头脑，很可以使我底神经质的无名的忧怨感到惭愧，他底坚毅的精神，清晰的思想，博学的知识，有理智的讲话，都使我感到惭愧。而鲁迅先生底慈仁的感情，滑稽的对社会的笑骂，深刻的批评，更使我快乐而增长智识。

从日记、书信等中可以看出，柔石并没有长篇大论鲁迅对他的教诲，以及自身对鲁迅崇敬赞颂，仅是几则寥寥数语，足见柔石在鲁迅的感染下，心态和步伐正逐渐沉稳坚实起来。

鲁迅对好的青年都流露着扶持疼爱的感情，对于柔石更非同光陆大戏院，位于博物院21号（今虎丘路146号）。1928年12月1日，鲁迅夫妇和周建人、柔石在这里看电影《暹罗野史》，以后又多次在此看电影

一般，随着时间的推移，喜爱与信任与日俱增。二人不仅在每天晨昏昼暮一同用餐时高谈阔论社会人生，还常为一个文艺思想、创作上的问题或编辑杂志工作上的具体事务，交流几个钟头。每当会见友人，上馆子请客吃饭，鲁迅都把柔石当作家人，邀他与许广平、周建人一道前往。间或看电影、游公园或参观画展、出席会议，也总邀柔石一起。

鲁迅到内山书店看望内山完造，也经常与柔石同行。一次，他领柔石等人访晤德国《法兰克福日报》驻沪记者、美国友人史沫特莱，连史沫特莱也看出鲁迅对柔石的喜爱，曾回忆说："其中有一个以前曾当过教员叫柔石，恐是鲁迅的朋友和学生中最能干最受他爱护的了。"平日里，柔石不时到鲁迅房中，征询有些什么要代办的事，帮助处理一些诸如寄信、寄书、汇款、取款，以及给青年作者退稿或赠书等杂务。后来，鲁迅在《为了忘却的记念》中深情怀念说，柔石是他在上海"一个唯一的不但敢于随便谈笑，而且还敢于托办点私事的人"，还说起"他和我一同走路的时候……简直是扶住我，因为怕我被汽车或电车撞死；我这

鲁迅与柔石插图

柔石画传

面也为他近视而又要照顾别人担心，大家都仓皇失措的愁一路，所以若不是万不得已，我是不大和他一同出去的，我实在看得他吃力，因而自己也吃力"。

鲁迅审阅《旧时代之死》书稿后，称赞它为"优秀之作"，并将柔石介绍给北新书局主持人李小峰认识，还当面推荐了这部书稿。此时，鲁迅还帮着审阅柔石的新作——短篇小说《人鬼和他的妻的故事》，当看见稿上署着"柔石"二字时，鲁迅目光颇为注意地停留了一下。柔石见状便说起，老家方祠前原有一道小桥，桥上题刻着"金桥柔石"四个字，儿时到处请教却搞不清这四个字的含义，现在感到，为人处世或许应刚柔相济，比如对人民要温柔热爱，对敌人要像石头般坚硬无情。鲁迅听后，会心一笑说，《易经》中有"立地之道，曰柔与刚"，《老子》有"守柔曰强"之说。

鲁迅认为《旧时代之死》可以放在他和郁达夫主编的《奔流》第一卷第五、六期连载发表。柔石很是喜悦，若能在杂志上公开发表作品，版权、版税、稿费的收入就可以贴补生活了。1928年10月25日，他给哥哥写了一封空前长信，详告《旧时代之死》出版后，是"卖了版权"还是"抽版税"，似乎有了某种信心：

福之前途，早已预计在胸中了……福总想做一位于中国有贡献的堂堂的男子。我现在已经有做人的门路了，只要自己刻苦，努力，再读书，将来总不负父母之望。

他还说起了他的社会观、人生观：

社会是黑暗的，有的时候，做坏的人得便宜，做好的人吃亏。但我们因此做坏人么？不能够。苦的东西，有时尝尝会变甜起来，福以为是有道理的。福此后做人，简单的两句话，可以为哥告：一，自己努力、刻苦、忠于文艺。二，如有金钱余裕时，补助于诸友。

柔石并不为近年来辛苦努力，终得鲁迅提携帮助而长舒一口气，也不像别人那样因有了强者为依傍，就沾沾自喜得意忘形。相反，他决心以"努力、刻苦、忠于文艺"为"7字诀"自我激励，更加抓紧一切时间写作，提高自己的能力水平。柔石不仅"给一家报馆每月做文章一万字"，"又一家杂志"约他写文章，还听取鲁迅的教诲，购入外国名家的集子准备翻译著作。以至于"近来每夜到半夜一二点钟困觉，因为写一篇文章，有时肚子里似乎胃病又要发作了"，他还坚持着"一边吞胃药，一边再写"。

领悟："人应该学一只象"

自 1927 年 10 月起，大批党和党所影响的左翼文化工作者陆续从北伐前线、从武装起义的战场、从海外汇集上海，冲破国民党反动统治的高压，在新开辟的革命的思想文化阵地上，开展了英勇的战斗。他们分别组织社团、创办刊物、开设书店，响亮地提出无产阶级革命文学的口号，开辟左翼文化运动新天地，其中以创造社、太阳社最为著名。

创造社、太阳社的成员积极倡导无产阶级文学，肯定文学的阶级性及其在阶级斗争中的作用，强调无产阶级文学必须为完成阶级的历史使命而斗争，这无疑是"五四"以来新文学运动的一次突破性飞跃。然而由于他们对中国社会实际缺乏深刻的认识，尤其是面临国民党的血腥屠杀，未免容易产生片面、过激的情绪。他们否认五四新文化运动的成果，把鲁迅、郁达夫、叶圣陶等一些新文学作家当作革命文学发展的障碍加以错误批判，由此引发了一场革命文艺阵营内部的关于无产阶级文学的论争。

鲁迅集中批评了创造社、太阳社成员的宗派主义，脱离实际的空谈等倾向，以及忽视文艺自身特性，一味注重文艺的宣传战斗作用的观点。论争中，难免会出现一些浅薄的人身攻击，鲁迅因攻击不是来自敌人，而是出自革命队伍内部，而一度心情糟糕。鲁迅曾与柔石谈起这些，他说，人应该学一只象，第一，皮要厚，流点血，刺激一下子，也不要紧。第二，要强韧地慢慢地走去。柔石深深启发于鲁迅在革命文学论争中的体会，自省自己"神经末梢是太灵动的像一条金鱼"，意识到自身的敏感多虑，有了意识就会有进步，柔石开始有意无意地遏制自身弱点，向着鲁迅口中的"大象"看齐。

论争中，鲁迅为了正确阐明问题，在原有研究基础上进一步钻研翻译马克思主义文艺理论，联系中国革命及文艺运动的实际，发表了许多精辟的见解，为无产阶级文艺运动的健康发展作出了贡献。1928年9月出版的《无轨电车》刊登画室（冯雪峰所用笔名）的文章《革命与智识阶级》，给予鲁迅公正的评价，认为"鲁迅看见革命是比一般的智识阶级分子早一二年"，冯雪峰冷静地分析了这次论争的利弊得失，在一定程度上缓解了日趋激烈的论争气氛。

当鲁迅回忆起这段论争历程时，对冯雪峰翻译介绍的《新俄的文艺政策》等作品颇为肯定，对他发表的《革命与智识阶级》那篇文章却不以为意，误以为冯雪峰也是创造社一派。柔石与冯雪峰相识已久，他主动向鲁迅作了解释，表明冯雪峰的文章意在批评创造社的小集团主义。

冯雪峰是柔石浙一师同学、晨光社社友。1925年曾与柔石先后前往北京，在北大旁听并住同一公寓。1927 年，冯雪峰因忿于李大钊被害，毅然加入中国共产党。1928 年，因遭国民党通缉冯雪峰躲避上海，柔石知道后立刻去看望了他。

柔石向冯雪峰聊起鲁迅曾赞赏他翻译的苏联文学，认为这种介绍对中国文艺界是有意义的。一次，柔石带来一本日文译本的关于辩证法的小册子给雪峰，并转述了鲁迅的话："我买重复了一本，去退还内山书店也麻烦，你带去送你那个同学去罢，省得他再买了。"柔石把先后从鲁迅那里听到的鲁迅与创造社、太阳社论争的情形，思想变化以及他为无产阶级文艺运动健康发展所作的努力等，"好像谈家常一样"作了详尽介绍。柔石又滔滔不绝地向冯雪峰说起，鲁迅是如何帮助和照顾青年的。这些话语在冯雪峰心中久久回荡，他也因此萌生出想要登门拜访鲁迅的念头。

1928 年 12 月 9 日晚，冯雪峰由柔石陪同来到景云里鲁迅家，柔石为雪峰作了简单介绍后因急事先走了。这是冯雪峰第一次同鲁迅见面，难免有些拘谨，鲁迅没说什么话，感到局促的雪峰很快就告辞了。事后，柔石向雪峰解释："先生对不熟悉的人，尤其是初见面的人，话极少，但熟悉以后，话是很多的。"这又鼓起冯雪峰继续拜访鲁迅的勇气。这时，冯雪峰正忙于筹编一套马克思主义文艺理论丛书，正需要鲁迅的指导和帮助。果然，一来二去随着冯雪峰请教的次数越来越多，鲁迅同他谈话的时间就越来越长，关系也日益亲密了。

　　过了一两个月，1929 年新春前后，住在景云里 11 号甲的茅盾避匿日本，家中有房空着，冯雪峰便移居茅盾家 3 楼。景云里 11 号甲的后门斜对着鲁迅家的前门，冯雪峰搬去后，经常一有机会就跑去同鲁迅聊天。他们谈翻译、谈思想、谈读书体会……鲁迅的话不仅一次比一次多，甚至常常一谈就是几个钟头。冯雪峰成了中国共产党联系鲁迅的桥梁纽带，他们成了在粉碎反革命文化"围剿"中一起并肩战斗的战友。

　　柔石此前还不了解冯雪峰是共产党人。两人在频繁接触中，冯雪峰常常谈起他自学日文后一直致力于苏俄文学翻译，他向柔石介绍了苏俄文学中所反映的新世界观、无产阶级理想和新的革命生活，谈起他最崇敬的李大钊烈士的革命活动，还推荐了自己在读的一些社会科学书籍，阐述了他对马克思主义的信仰，以及为这个信仰奋斗终身的决心……潜移默化间，给柔石带来了强烈的心灵震撼，他开始萌生出加入中国共产党的念头。

|六|

栽培『朝花』播撒新兴艺术籽种

绽放：从朝夕相处到"朝花社"

柔石和王方仁、崔真吾住在景云里时，除读书写作外，并无其他要事也无经济收入。一天，大家饶有兴致地聊起当今文学界与出版界现状，王方仁提出想要同大家合办刊物、出版图书的主张，一来景云里聚集了一批中国文学巨匠，环境气氛颇为有利；再来王方仁的哥哥正好在上海开了一家文教用品店，不仅可以赊点纸张，还可以代售书刊。柔石、崔真吾听后都很心动，于是前去找鲁迅商量。鲁迅当然是支持的，早在 1925 年，鲁迅在北京

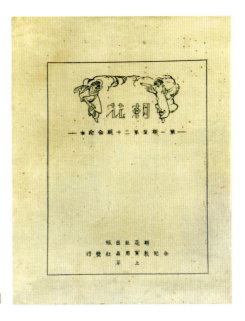

与鲁迅合编的书刊《朝花》周刊

时就曾帮助韦素园兄弟与李霁野、台静农、曹靖华等几位青年创办《莽原》周刊和未名社。

几经商议，大家决定合伙创建一个文艺社团，出版一种刊物，然后有计划地出版图书。费用资金每人一股，柔石一时交不出钱，他这一股便由鲁迅垫付。为使各方面工作开展更为游刃有余，鲁迅又以许广平名义入了一股。这样，鲁迅实际负担了全社五分之三的资金费用。这时，鲁迅收到李霁野从北京寄来的由未名社出版的《朝花夕拾》样书。为表达对青年们创业的美好祝愿，鲁迅以《文选·陆机〈文赋〉》中"谢朝华于已披，启夕秀于未振"为灵感，提出将这个文艺社团命名为"朝花社"。于是，朝花社便在景云里诞生了。

朝花社拟将刊物命名为《朝花》周刊。鲁迅为《朝花》周刊和朝花社定调，认为应该以扶持一点刚健质朴的文艺为宗旨，除发表创作外，着重以翻译介绍东欧和北欧的文学，输入外国版画为特色。因此，倡导新兴木刻艺术是朝花社的一个特色。在朝花社成立前，国内文艺刊物很少致力于美术作品的介绍。鲁迅说过："创作木刻的绍介，始于朝花社。"

他们酝酿朝花社的时间，约在1928年10月下旬，正式成立投入工作要到11月了。《朝花》周刊第一期于1928年12月6日面世，共刊载5篇文章：译作3篇，创作2篇。其中一篇为柔石创作的短篇小说《死猫》。虽然只是一本 16 开 8 版的小刊物，鲁迅却将它视作开展革命文学活动的重要阵地，为之倾注大量心血。他精心选用了英国阿瑟·拉克哈姆的一幅画来饰刊头，又为刊名书写"朝花"美术字，还亲自指导柔石上手编辑出版业务。鲁迅说，办刊物既要内容扎实，版面设计、编排形式也要生动活泼，不能搞得密密麻麻，给人压抑感。校对上，一个字、一个标点符号都马虎不得。他还主张版面可以选登一幅以木刻为主的外国美术作品，这在当时国内文艺刊物出版界实为创举，令读者耳目一新，增添了审美情趣的同时，也为美术工作者们开拓了视野，成为中外文化交流推广的渠道之一。

柔石虽是初做编务，但在鲁迅指导下，无论是伏案琢磨稿子，还是到文具社、印刷所跑制图、校字之类杂务，他都认认真真，以非常谨慎的态度不放过任何细小问题。柔石打心底里认为这项工作很有意义，而且符合自己的理想情趣，因此热情专注。

其实，早在学生时代，柔石就爱好美术，时而为作业簿、笔记本设计封面；时而为书本撰写题名，并作画陪衬；还常在簿中文后空隙处，画些图案用以点缀。如今看到鲁迅亲手书写的"朝花"美术字，并找来恰当的名画作为衬饰，一种同调共鸣的惊喜油然而生，倍感先生亲切可敬。鲁迅对汉刻石像和中国木刻图画从唐到明的历史有着深厚的研究造诣，同时对近代国外美术特别是欧洲木刻创作有独到的赏析，这一切都令柔石大开眼界。在鲁迅的感召下，柔石也开始涉足新兴木刻艺术，想方设法搜集整理有关国外木刻美术的资料。

种播："新兴艺术的第一粒种子"

在编辑《朝花》周刊的同时，朝花社还为编辑专门介绍欧美、苏联和日本美术作品的《艺苑朝华》进行工作。就在1929年1月24日《朝花》周刊第八期出版之时，柔石与鲁迅合编的《艺苑朝华》第一辑《近代木刻选集》（1）和第二辑《蕗谷虹儿画选》，以朝花社的名义于26日印成。第一辑中收集了英国、法国、意大利、美国、瑞典等多位画家的十余幅木刻作品；第二辑选取了日本画家蕗谷虹儿几部诗画集中颇具特色的代表作并配以诗文。鲁迅为两辑集子都写了《小引》和《附记》，为介绍国外进步的美术作品，特别是新兴木刻艺术开了先河。

紧接着，在2月26日和4月26日，朝花社又分别印行了《艺苑朝华》第三辑《近代木刻选集》（2）和第四辑《比亚兹莱画选》。关于《近代木刻选集》（2）的出版，许广平曾说起："这时朝花社的几位朋友是早晚两餐即能相见，每次在一同吃饭之后，一定就借饭后的休息来讨论出版事务，最热心而又傻子似的埋头苦干的柔石先生，听到鲁迅先生说中国信笺也是木刻之一时，他为好奇心所驱使，径然把中国信笺寄了一些到欧洲去，意外地也会收到回信及木刻，大家就更欢天喜地。这时真有点沉迷于版画，分头去搜寻，寻到了一些欣赏的画片，总多方设法介绍出来……因此除了英国之外，又留心到别的国度，在《近代木刻选集》（2）里面，就介绍了法、俄、美、日等国的作家。"

一次，柔石听鲁迅介绍起吉宾斯是当代英国版画家，对木刻上的黑白关系有独到的理解，其作品在光耀的黑白相对中，有着东方的艳丽和精巧的白线律动。为求印刷效果逼真，最好能用木刻的原拓。柔石听后，竟径自去信与吉宾斯求商，并一同寄了自己的"北平笺纸"。"结果吉宾斯夫人来了复信，并附寄三幅黑白木刻拓片"，这可把柔石高兴坏了，他赶忙把拓片和信件都交给鲁迅。鲁迅拿到后遂为之妥善包装，包封上手书"Robert Gibbings 木刻三枚，其夫人寄与柔石者"字样。这份珍贵的历史文物，向后人展现了朝花社时期柔石与鲁迅倡导中国新兴木刻运动的劳绩以及他们紧密的工作关系和深厚的情谊。

柔石作为鲁迅所倡导的新兴木刻艺术的"勤恳的绍介者"，在中国现代木刻史上留下了不可泯灭的拓荒之功。几乎所有的新兴木刻家都曾从朝花社移植的版画艺术中获得养分，受到启迪，他们认为是朝花社播撒了"新兴艺术的第一粒种子"。

扶携：兼任《语丝》编辑

1929年1月11日，正当柔石忙着《朝花》周刊第六期出版发行事务时，鲁迅忽然问他，明年可否由他代替自己为北新书局编《语丝》，如果同意，他会和李小峰说好，每月从北新领取40元编辑费，今后可以安心做些文学上的工作。柔石内心不免有些本领恐慌，《语丝》不同于《朝花》周刊，是当时一家影响力颇大的综合性文艺周刊，1924年在北京创刊，后移到上海继续出版，由鲁迅任主编。鲁迅似有所察觉，他安慰柔石，让他不用担

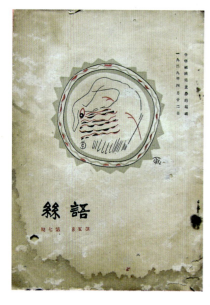

《语丝》

心，主要是看看来稿和校字，个中其他情形会慢慢同他交待，很多事情也可以一起商量着办。说完还没一周，鲁迅就把《语丝》各处来稿21封信交给柔石阅读处理。

鲁迅推荐柔石编《语丝》，很大程度上是因为通过创办朝花社，他看出柔石对待文学工作的勤恳与严谨，鲁迅很是欣赏和信任。还有一部分原因是，在办刊意见上与李小峰有分歧。《语丝》以发表杂感、短评、随笔为主，兼及其他形式的文艺创作和社会、历史相关研究文章为一体的综合性同人周刊，主要撰稿人有鲁迅、周作人、钱玄同、刘半农等，他们在政治昏暗、思想沉闷的时代环境里，喊出"对一切专断与卑劣之反抗"的呼声，想"冲破一点中国的生活和思想界的昏浊停滞的空气"，一度赢得各界好评和读者认同。1927年10月，《语丝》遭奉系军阀张作霖查封。在这之前，原先着力为创办《语丝》而辛劳奔走的李小峰，因《语丝》销量剧增，经济上看好，于1925年在北京创办了北新书店，1926年还在上海设立了分店，继而于1927年春，将总店也迁至上海。鲁迅为其出书、译稿、介绍作品、编辑丛书，支持诸多。因此，当李小峰决定于同年12月在上海复刊《语丝》时，来到鲁迅寓所，聘请他担任《语丝》主编。

自接编《语丝》以来，鲁迅了解到凡语丝社社员的稿件，编者并无取舍之权，来之必用；只有外来的投稿，编者才能略加选择或略作删改。加之四一二反革命政变以来，政治形势严峻复杂，国民党反动派对《语丝》施加"警告""查禁"的压力，而李小峰又不停地变化经营方针，为了经济效益杂乱地刊登了一些难以入目的广告，使得《语丝》格调大打折扣，作为主编的鲁迅对此感到十分失望，因之向李小峰提议将《语丝》停刊，没有得到赞成，鲁迅只好提出辞去编辑职务，又寻了"接班人"。

柔石刚接编《语丝》时精神十分振奋，他勉励自己：

人是由"机会"去造成的。我很这样想，当此刻读完各处来《语丝》投稿的 21 封信以后。四个月以前，我还不敢做将我的短篇小说寄到《语丝》里来发表的尝试，我唯恐失败了。虽则我那时很想卖一篇文来过活。现在却由我的手来选择里面的揭登作品；这不是机会给我的么？我决意将一班来稿，仔细地读过，凡是可以登出的，我都愿给他们投稿者一个满足的希望。尤其是诗与小说。纸和印刷费是北新老板出的。多几张篇幅，读者也总不会说"太厚了一点的样子呢"的么？

柔石怀着一颗团结作者、读者，认真办好《语丝》的初心，为接编的 3 月 11 日出版的《语丝》第五卷第一期写了篇《编辑后记》，不仅表示本刊"以后当细心校对"，杜绝错字，力争"准期出版"，还以"本刊篇幅少，不能多多登载"向广大作者致歉并给予鼓励，对揭露学校腐败情形的作者以热忱的支持。

接编《语丝》后，柔石锻炼了能力，开阔了眼界，结交了朋友，对他日后从事编辑事业和文学创作等大有裨益。然而，在他编了 26 期，即从第五卷第一期起至第五卷第二十六期止约半年时间后，也因与李小峰意见不合而辞了职。

绽放："朝花"一现满庭芬芳

经与鲁迅商量，为了把《朝花》周刊办得精益求精，柔石等决定在 5 月 16 日出版了第二十期之后，扩大现有版面，充实内容，改为《朝花旬刊》。在周刊的最后一期，他写下一篇《编辑后记》：

> 小小的《朝花》虽然也出到二十期了。这于我们——栽培这小花者自然有不可言喻的欣喜；爱护这小花者也许有和我们同感的吧。
>
> 《朝花周刊》自本期以后改为旬刊了。页数、字数比周刊增加一倍，内容也当尽力所能使之更为充实。
>
> 为读者便利起见，特编印《朝花周刊》自第一期至二十

期总目一份，另行附入本期，作一个小小的结束。至于历来错误的地方则只好到汇订时印正误表了。

字里行间满是柔石对于文学事业的热爱与赤诚，《朝花旬刊》很快于 6 月 11 日创刊。

朝花社名义上有 3 个青年，其实担子主要都落在柔石一人身上。崔真吾在复旦大学附属实验中学当教员，王方仁又常东奔西走，还曾一度回镇海老家为修建王氏宗祠忙碌。二人除给《朝花》

《朝花旬刊》

周刊提供几篇著译文稿外，不负担社里的任何事务。因此，不论是出版《朝花》周刊，还是出版《艺苑朝华》丛刊，除鲁迅作总体规划设计，参与一些编审和指导外，从编辑、写稿、发稿到校对、制图再到跑印刷厂、发行，几乎都是柔石一人忙进忙出，但他不计劳累，遇到难处也默默承受，顶多说起时皱皱眉头。

柔石对朝花社情有独钟，含辛茹苦地栽培着这株文艺之花，可他并不懂经营，总是以"相信人们是好的"心理去对待那些唯利是图的商人，故而常被对方的虚言和笑脸所欺弄。王方仁那位开教育用品店的哥哥就是其中之一，他给朝花社供应的纸张多是从拍卖行里兜来的次货，油墨也是廉价品，以此来印制木刻图版，影响了印刷质量，也败坏了刊物销路。不仅如此，他为朝花社代售书刊，收取了高额的手续费，还常常推三阻四借故拖欠书款不付。凡此种种，致使朝花社最后收不回本钱，还几次贴钱，最后弄得要筹款补亏空，柔石也因此背上了欠债。

不仅《艺苑朝华》出到第四辑《比亚兹莱画选》之后无力续出，就是《朝花旬刊》坚持到 9 月 21 日第十二期后，终因力不能支，只好停刊。处理遗留的经济问题，又让柔石忙碌了好一阵。为了还债，柔石将自己应得的朝花社剩书，送到明日书店和光华书店代为销售，这边还拼命写作翻译，想用稿酬来抵偿债务。鲁迅见状愤然："我这回总算大上了当。""这是一部分人上了

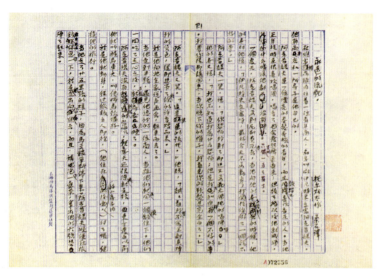

柔石的手稿

一个人的当。"1930 年 1 月,"社事告终"。

朝花一年,昙花一现。这朵花虽凋零了,但它在中国现代文学和美术发展史上留下的芬芳、闪耀的光芒,永远与鲁迅、柔石的英名同在。它介绍的东欧、北欧各国的作品,刊登的鲁迅、柔石、冯雪峰、潘漠华、魏金枝等人的政论、杂文、小说、诗歌等,为我国文艺事业发展作出了积极贡献。柔石在这一年中展现的"傻子"精神、"拼命"人格,也赢得了鲁迅极大的欣赏与信任。柔石一面为朝花社内外操劳、一面为编《语丝》焦思苦虑,"无论从旧道德,从新道德,只要是损己利人的,他就挑选上,自己背起来"。这是鲁迅对柔石极高的评价。

奋力：显示了"前进"的势头

在鲁迅思想言行的启迪下，加之阅读冯雪峰等人所翻译的马克思主义文论，使得柔石对于"文艺"在理念认知上有了极大飞跃，即由原来认为文艺是"性之所喜"的天赋爱好，转变到视文艺是"为了救人，为了社会的光明，为了大多数的幸福"的革命事业。柔石也了解到，在上海的确有许多文化战士为此艰辛地奋战着。环顾四周，身边不仅有鲁迅这位师长，更有他开辟和坚守

1928 年 10 月柔石工作照。照片题字：一九二八年十年，十年廿七岁友福煦君（孙伏园之弟）摄于沪

着的诸多如《语丝》《奔流》《朝花》等阵地，团结了许多新老文艺战士，他们以笔为戈以文聚力，在奋笔疾书中为人民发声，为时代立言。耳濡目染下的柔石，一扫早年抱负难酬的懊丧，转而认为"庸君说，现在还是看见黑烟的时代"过于悲观，"我却以为火焰可以在烟囱口向上望着了"，显示出他对前途在望的革命乐观主义精神。他不甘人后鼓足干劲，在创办朝花社、编辑《语丝》的同时，还以惊人的毅力在翻译与创作的田野上耕耘树艺，夜以继日。

1929 年，是柔石最忙碌，也是他著译成果最为丰硕的一年，共计创作短篇小说 20 篇、散文随笔 3 篇、独幕剧 2 部、诗歌 3 首、翻译作品 17 篇，总计 30 余万字，分别在《朝花》周刊、《语丝》、《朝花旬刊》、《奔流》、《春潮》等多家刊物发表。其中篇小说《三姊妹》，于 4 月由水沫书店出版，《二月》于 11 月由上海春潮书局出版。

| 七 |

『血在沸，心在烧』

暖意：景云里的红色胜友

在上海期间，柔石重逢了也结识了许多同志与朋友。1929年1月，同乡学友、当年宁海中学教员王育和到景云里找柔石。王育和1926年毕业于上海麦伦书院英文系，是当年宁海旅沪同学会成员之一，参与了消夏社和宁海中学的筹建，是一名中国共产党党员。1927年，发生四一二反革命政变，反动势力猖獗，王育和遭当地政府通缉，避难上海。后又于1928年2月重返宁海中学任教，那时的柔石已担任宁海县教育局局长，正着手宁海中学新校舍的集资、兴建工作，王育和也在其中协助柔石募捐。当时，中共宁海党组织有意让王育和与柔石联系，由他搭建起党组织与教育局局长间的桥梁。可因当年5月亭旁起义失败，宁海中学党支部暴露，学校被迫解散，王育和曾辗转来到上海，后一度处于隐蔽状态。

王育和此时正在上海沙逊大厦瑞商永昌洋行当职员，景云里恰有空房，柔石就让王育和搬了进来。后来，随着崔真吾、王方仁的相继离开，王育和把家眷也接了过来。鲁迅顺势就将旧寓转让给王育和，由他出面承租，成为柔石等同住人的"二房东"，客观上起到掩护作用。

魏金枝是柔石浙一师同学、晨光社社友。在上海重逢后，柔石了解到这位秉性质朴的同学，这些年来的生活充满辛酸与坎坷。魏金枝毕业后在当教师时因参加进步团体，一度被杭州警察厅拘捕。后来，当过一段时间机关小职员又失业赋闲在家，一边在乡间劳动，一边读书学写小说。由于他熟悉农村生活，了解农民的思想感情，1926年创作的《留下镇上的黄昏》得到了鲁迅的赞赏，称它是"描写着乡下的沉滞的气氛"的好作品，魏金枝受到极大鼓舞。对于鲁迅先生，魏金枝从来只敢景仰，而无缘会拜。在与柔石的聊天中，魏金枝了解到鲁迅诸多爱护青年的风范，十分羡慕柔石能在鲁迅的指导下工作学习，不由地也产生了求教鲁迅的愿望。柔石不但鼓励他，更是热心地表示愿意引他去拜见鲁迅。

1929年暑假，景云里23号来了位稀客——宁海同乡、宁海中学学生、在上海泉漳中学读书的娄舜音（朗怀）找上门来，探望柔石和王育和。泉漳中学大部分老师的思想都比较进步，校长、教务长、教导主任都是共产党员，柔石的朋友邬逸民曾在这所学校担任国文教员，在党内是支部书记。娄舜音此来也是受邬逸民委托，了解柔石的生活境况。由于她的联络，邬逸民和柔石，还有冯雪峰，几位老朋友很快又见上面了。

同是1929年夏天，一位陌生的南方女子走进景云里，成了一位特殊的客人。她便是日后与柔石并肩战斗的红色伴侣，革命道路上的爱人"梅"——冯铿。冯铿与柔石的接触，源于她要求拜见鲁迅的强烈愿望。冯铿在上海进步革命文学界中得知柔石与鲁迅关系密切，就想从柔石那里了解鲁迅，并希望柔石能引她去见鲁迅。冯铿事先做了些功课，了解到柔石编过《朝花旬刊》与《语丝》，读过他的一些作品——特别是当时新近出版的《三姊妹》，这部小说引发了冯铿极大的情感共鸣，一种难以名状的磁力，驱使她十分想要见到柔石。

双方见面前，冯铿对柔石有过诸多猜测，可等到一见面，全然不是那么回事了。道不明是什么缘由，她被柔石天然卷曲的头发，和躲在镜片后灵动的双眼深深吸引，心田中萌生出几缕爱的须根。柔石自求学浙一师以来，在同学朋友中也接触过几位女性，但像冯铿身上展现出的豪爽奔放的性格，对社会上一切不公平现象反抗斗争的精神以及对文学创作的执著追求，实为一般女子中所罕见，即便在男性中，也是凤毛麟角。一股钦佩、欣赏、爱怜之情油然而生。虽然彼此都还未曾有意识地开展恋爱式的追求，但不觉已将对方引为同调，时常月下漫步、公园抒情，偶尔还有书笺往来。

柔石朋友中还有另一位重要的共产党人，潘漠华，亦是柔石浙一师同学、晨光社社友，两人1925年曾一同前往北大旁听。潘漠华参加过北伐，在家乡组织过农民起义。1927年加入中国共产党。1929 年 4 月由上海亚东图书馆出版了他唯一的一部短篇小说集《雨点集》，同年 3 月 14 日《朝花》周刊第十六期发表了他的短篇小说《夜》。

柔石的出现不仅让向来深居简出的鲁迅日常生活多了几分便利，最主要的是柔石也因此结识了许多革命文艺青年。柔石结交的朋友中，有些是通过鲁迅结识的；有些倒过来，是通过柔石结识了鲁迅，其中最明显的就是冯雪峰。置身其间，柔石渐渐获得了更强大和彻底的革命精神与革命信仰。

新生：走进革命大家庭

为了加强对文化工作的领导，1928 年 7 月初，中共江苏省委建立上海文化工作者支部，潘汉年为书记，下分 4 个小组，共有党员 21 名。党的六大后，中共中央对文化工作给予更多的关注。1929 年 6 月，六届二中全会在上海召开，会上提出的《宣传工作决议案》，对推动左翼文化运动的发展起到重要作用。根据决议案精神，同年 10 月，中央宣传部部长李立三决定成立文化工作委员会（简称文委），直属中宣部领导，潘汉年任书记。文委成立后，首先着手解决持续一年有余的关于无产阶级革命文学的争论，组织革命文化队伍。经过中共中央宣传部、文委的说服和协调，创造社、太阳社与鲁迅间的论争得以平息，双方分清了文化战线上真正的敌友，加深了理解和沟通。党中央在结束论争的基础上，推动创造社、太阳社与鲁迅以及在其影响下的进步人士联合起来，建立左翼作家团体，名称拟定为中国左翼作家联盟（简称左联）。根据中央指示精神，潘汉年找到正在鲁迅帮助下筹办《萌芽月刊》的冯雪峰，要他作为代表与鲁迅具体联系。当时的中宣部部长李立三，担心鲁迅认为"左翼"两字不妥，特意让冯雪峰与鲁迅商讨斟酌。冯雪峰受命会晤了鲁迅，鲁迅很是赞同成立这样一个革命文学团体，同时认为"左翼"二字旗帜鲜明，并无不妥。潘汉年又亲自登门拜访了鲁迅，与他促膝长谈，虚心倾听他对左联筹备工作的建议，终于请出鲁迅担任左联统帅，为左联的酝酿建立创造了条件。

中国共产党党员、创造社主要成员冯乃超也十分想见鲁迅，在革命文学论争时，由于对他缺乏了解曾错误地批评了鲁迅，他感到十分愧疚，但又有顾虑不敢去见。柔石及时打消了他的顾虑，和他说："不会的，他不是这样的人，没关系的。"随后陪同冯乃超去见了鲁迅。果然，鲁迅热情地接待了他，彼此在交谈中取得了谅解，消除了误会，为左联的筹备进一步巩固了基础。

1929 年 10 月中旬，一场由潘汉年主持的左联筹备会议在上海北四川路有轨电车终点站附近一家日本人开设的公啡咖啡馆召开。会上推选鲁迅、柔石与冯雪峰等 12 人为筹备小组成

公啡咖啡馆

员，郑伯奇、冯乃超、阳翰笙、钱杏邨、蒋光慈、戴平万、洪灵菲、夏衍等也位在其列。柔石激动万分，这一天正是他盼望已久的。

求索：在《二月》里执笔为歌

这时的柔石，一面忙于处理朝花社行将结束之际的一些繁杂

《二月》1929年由上海春潮书局初版，前收鲁迅作《小引》

事务，一面又协助鲁迅和冯雪峰创办《萌芽月刊》，同时还在为小说《二月》和《旧时代之死》出版而奔波。为了力所能及多做些事，他又致力于国外文艺作品的翻译，同时整理编辑了自己的短篇小说集《希望》。

《二月》是确立柔石在中国现代小说史上地位的代表作之一，这部中篇小说写于1929年1月，同年11月经鲁迅介绍由春潮书局出版，并为之撰写《小引》，鲁迅称赞该小说以"工妙的技术"刻画了"近代青年中的这样一种典型"，同时也"生动"呈现了

"周遭的人物"，"冲锋的战士，天真的孤儿，年青的寡妇，热情的女人，各有主义的新式公子们，死气沉沉而交头接耳的旧社会"。小说对主人公萧涧秋出场的江南一隅的芙蓉镇进行了细致的描绘，即使在这"世外桃源"般的偏远水乡，仍避免不了社会风云的喜怒无常。作品写出了军阀混战造成的生灵涂炭，也揭示了乡言可畏、流言杀人、愚昧吃人的可悲现实，不仅使底层农民家破人亡，也使立志济世救人的知识青年深陷重围，不得不以失败告终。这是一部启发人们寻求革命出路，表现"中国知识分子道路思考"的力作。

冯铿读完《二月》后，如痴如醉沉浸其间，几乎把小说中陶岚与萧涧秋看成是自己与柔石的化身，一股温馨如泉涌般在脑海萦绕。不同的是，萧涧秋后来离开了陶岚，而她则与柔石一同参加了左联，有了更多相处的机会走在一起。

《二月》是柔石短暂生涯中最精致优美的力作之一，它继承了鲁迅以《故乡》《社戏》等开拓的中国现代抒情小说的新源流，着力于在诗一般意境的创造中，对人物内心世界精密雕琢，开掘出人物的形象美、精神美、道德美。《二月》出版后，在国内外读者中深受欢迎，并在后来被改编成优秀电影作品《早春二月》。

《早春二月》海报

勠力：用文字助战"革命"

1930 年 2 月，柔石与冯雪峰陪同鲁迅参加了中国自由运动大同盟成立大会，这是鲁迅等在中国共产党支持和领导下发起的组织，与会作家、社会科学家及其他著名人士等 51 人签署发表了《中国自由运动大同盟宣言》。同盟还自办刊物《自由运动》，反击国民党当局和各种政治派别充满胁迫的、混淆视听的言论。同盟开展的斗争颇为有力，组织迅速发展到全国各大城市。鲁迅作为该组织的领衔人之一，被国民党反动派诬陷为"堕落文人"并秘密通缉，为防不测，他暂避到日本友人内山完造经营的内山

中国自由运动大同盟宣言

内山书店外立面历史照片

中國自由運動大同盟宣言

自由是人類的第二生命，不自由，毋寧死！

我們處在現在統治之下，竟無絲毫自由之可言！

查禁書報，思想不能自由。檢查新聞，言論不能自由。封閉學校，教育讀書不能自由。一切羣眾組織，未經委派整理便遭封禁，集會結社不能自由。至於一切政治運動與勞苦羣眾求改進自己生活的罷工抗租的行動，更遭絕對禁止。甚至任意拘捕，偶語棄市，身體生命，全無保障。不自由之痛苦，真達於極點！

我們組織自由運動大同盟，堅決爲自由而鬥爭。

感受不自由痛苦的人們團結起來，團結到自由運動大同盟旗幟之下來共同奮鬥！

發起人

趙公南　鄒夫民
潘念初　王學室
陳倜父　沈瞞僧
徐轉阿　彭醫康
田太冲　了交

魯迅
周全平
郁達夫
胡愈之
王安仁
向培良
沈端先
潘漢年
張心之
鄒治

田漢
陳劍倜
鄭伯奇
黃素英女士
彭緒康
吳覺燄
龍榆生
任白戈
江朗華
潘漢年
彭燮鳳
潘伯農
蔡育寰
發人權
徐誠梅女士
徐悉侯女士
王煒女士
陳波瑜
陳正道

一九三〇，二，一五。

书店假三层楼内。后又经内山完造介绍，迁住北四川路拉摩斯公寓。

1930 年 2 月 16 日，鲁迅在日记中写道："午后同柔石、雪峰出街饮加菲（咖啡）。"这次喝咖啡，依然是在公啡咖啡馆，只是并非如往常一样的简单会友，而是一次重要的左联筹备会议，又

中华艺术大学旧影

中华艺术大学今貌，中国左翼作家联盟会址纪念馆

左联成立大会场景复原

称"上海新文学运动者底讨论会"。正是在这次"饮咖啡"过程中，正式确定成立中国左翼作家联盟，并商定了组织机构、成立大会议程等事项。会议结束的归途中，鲁迅等商定以《上海新文学运动者底讨论会》为题，把会议情况在3月1日出版的《萌芽月刊》第一卷第三号上予以报道。报道的结尾说："也许不日就有左翼作家的组织出现吧。"其实，就在这期《萌芽月刊》出版后的第二天——3月2日，中国左翼作家联盟成立大会即在窦乐安路233号（今多伦路201弄2号）中华艺术大学内举行。创造社、太阳社、我们社、引擎社、艺术剧社等进步文艺社团成员共约50余人出席会议。大会首先推定鲁迅、夏衍、钱杏邨3人为主席团成员，通过了设立马克思主义文艺研究会、文艺大众化研究会等机构，创办机关刊物，与各革命团体建立联系等17项提案，选举鲁迅、夏衍、冯乃超、钱杏邨、田汉、郑伯奇、洪灵菲7人为常委。

会议在白色恐怖下秘密举行，为保证鲁迅安全，党组织除了加强会场内外安保外，另指定冯雪峰和柔石二人负责鲁迅的安全，若情况紧急，就护送鲁迅从后门迅速撤走。柔石曾任左联的执行委员、编辑部主任。有了编《语丝》、《朝花》周刊、《朝花旬刊》的经验，柔石对处理编辑业务工作颇有信心。当时左联的机关刊物是《世界文化》，后来又将鲁迅主编，冯雪峰、柔

石编辑的《萌芽月刊》以及《拓荒者》《大众文艺》等转为左联刊物。

柔水：重视大众文艺的编辑

身为左联编辑部主任，柔石十分重视工农大众对文艺的要求和文艺大众化问题，柔石在《大众文艺》上发表的《我希望于大众文艺的》一文中，简短又切中要义地提到：

我曾看见修筑马路的小工，卧在马路旁的小棚中看《性史》，也曾看见站岗的警察，靠在电柱边的路灯下读《忠义二侠传》；此外，当然更有许多工农大众，在寻求着他们所需要的读物。因此我想，假如中国的文艺界能有一种好的期刊，会代替非科学的性的什么，或充满封建思想的忠义的什么等，那对于大众的贡献实在是非常之大。我希望这责任，大众文艺能负担起来。

在编辑工作中，柔石极力支持出版当时青年作者写的工农小说，为推进无产阶级文艺运动和培养新作家作了不懈的努力。当时，青年作者马宁写了一篇小说《人力车夫阿毛的上吊和他上吊以后发生的事》，作者将文章递交负责《上海报》的李伟森（求实）后又转给柔石，柔石读后觉得故事动人，就写信给李伟森，请他转告马宁，希望他多多写作，并指出马宁小说中"还有一些多余的话"，叮嘱他"往后写文章时要讲究文字上的节约，可有可无的字句，宁可割爱"。马宁听后深受鼓舞，又写了6篇作品。柔石为此特地约请郑伯奇、洪灵菲、冯铿等人在左联的秘密接头处传阅讨论，大家都看得非常认真，就连取哪一篇的篇名为书名都进行了详细讨论。

左联设有中共党团，成立后活动范围不断扩展，除上海设总部外，还在北京、广州、东京等地建立分盟或小组，参加左联

《萌芽月刊》于1930年1月在
上海创刊。该刊由萌芽社主办，
鲁迅任主编，冯雪峰、柔石、
魏金枝担任编辑，光华书局发行

的盟员由最初的50余人增至400余人。魏金枝在听了柔石的建
议后，也想参与上海革命文化工作，柔石不仅介绍他加入左联，
还把自己《萌芽月刊》每月30元的编辑费让给他，请他一起做
《萌芽月刊》的编辑工作。

　　自加入左联以来，柔石的活动范围、朋友圈也不断扩大，工
作任务加重了。为了约稿、选稿、改稿、定稿，柔石经常奔走于
主编、编辑、作者之间，还要接待作者，开会讨论作品，操办刊
物出版以及想方设法帮助作者安排出书等，着实繁忙。他还听从
组织安排，陪同鲁迅到各大学演讲宣传马克思主义无产阶级革命

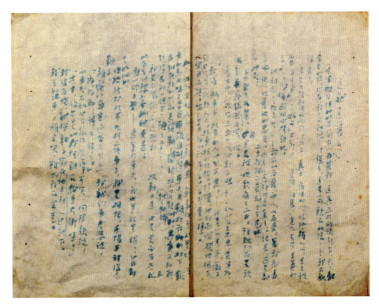

这份未发表的手稿由柔石家属捐赠。发黄的纸页上用蓝色墨水竖写，右起第一行标题为"这就是爱么?"。题目虽是写爱，内容主要为一次外出乘车经历，以拉车的牛马来比喻被奴役的大众，希望唤醒大众的反抗精神

文学理论，参加发传单、写标语和示威游行等政治斗争活动，热血沸腾地忙个不停。

这时，林淡秋也返回上海，来到景云里与柔石同住。柔石常常一边同他说起在白色恐怖包围下办革命刊物的艰难，一边取出从印刷所拿来的纸张，请他帮忙运送到另外负责装订的同志那里去。想方设法跳出敌人的包围，将刊物如期出版与读者见面。有

时柔石也让林淡秋"跟着他们参加'左联'某些活动，如作品讨论会、工农通讯工作座谈会之类"。林淡秋回忆："在白色恐怖的威胁下，参加这类十分平凡的活动，我都有点像在刀上擦痒似的不平凡的危险感。"因为在国民党反动派及其走狗爪牙眼里，"'左联'盟员就是'异党分子'的同义词。造谣诬蔑、盯梢搜捕，无所不用其极"。可柔石似乎不知畏惧也不知疲倦，总是认真地做着、忙着。郑伯奇评价柔石这人，"严肃持重，沉默寡言，他内心热烈，态度认真"。柔石饱蘸革命热忱，以坚韧不拔的精神面貌，很快赢得了左联同志们的欣赏与信赖。1930年5月，柔石由冯雪峰、黄理文介绍参加了中国共产党，揭开了他的生命史上崭新的一页。至此，柔石、冯雪峰如双星拱月般工作生活在鲁迅周围，成为党联系鲁迅最为亲密可靠的桥梁纽带。

继左联成立后，在文艺界又有中国左翼美术家联盟、中国左翼戏剧家联盟，党的电影小组、音乐小组先后成立。美联、剧联内也设党团。为了把进步文化力量集结于党的统一领导下，1930年10月，中国左翼文化界总同盟（简称文总）成立，党团书记由潘汉年兼任。

坚石：以火以血以死等待着

1930 年 5 月，柔石、胡也频、冯铿代表左联出席了全国苏维埃区域代表大会。会场设在公共租界卡尔登大戏院后面的一幢楼房里。彼时群狼环伺环境险恶，想要找个空间够大又不引人注意的会场，并非易事。最终选择的会场地处公共租界内，靠近跑马厅，人来人往一派热闹景象。近在咫尺有一条曲曲弯弯的幽静小路，两旁都是普通民居。独有的环境优势让其成为召开秘密会议的绝佳之选。开会时，各地代表也都一一作了乔装。

大会庄严的气氛中孕育着勃勃生机，柔石代表左联向大会宣读了由鲁迅等署名的《致全国苏维埃区域代表大会祝词》，当他听到来自各苏维埃区域各代表的发言时，倍受鼓舞，仿佛走进了一个崭新的世界。第一次参加这种会议的柔石深受触动，心头燃起一团升腾的火焰。会上，他与各地代表们频频交谈，聆听革命斗争事迹，特别是一些在农村革命根据地工作同志的分享，更使他耳目一新尤为钦佩。

柔石按捺不住激动，将自己参加大会的启发与感悟倾注笔端，在会后写下了《一个伟大的印象》通讯。这是一篇优秀的报告文学。作为一位年轻的共产主义战士，柔石以火热的豪情，庄重的笔调对全国苏维埃区域代表大会进行了生动记述，反映出与会代表的革命英雄主义、革命乐观主义的精神面貌。他还着重描述了一个少年先锋队队长，展现出年轻战士天真、乐观、积极的面貌，显示出肩负中国革命重任的年轻力量。结尾部分，气魄宏大：

威武的，扬跃的，有力的口号，在会议底胜利的闭幕式里，由一人的呼喊，各人的举手而终结了。我们慢慢地摇动着，心是紧张的，情感是兴奋的，态度是坚毅而微笑的。在我们底每一个人底背后，恍惚地有着几千百万的群众的影子，他们都在高声地庆祝着，呼唤着，手舞足蹈地欢乐着。我们底背后有着几千百万的群众底影子，他们在云霞之中欢乐着，飘动地同着我们走，拥护着我们底十大政纲，我们这次会议的五大决议案与二十二件小决议案，努力地实行着这些决议案的使命，努力地促进革命底迅速的成功。我们背后有着几千百万的群众底影子。我们分散了，负着这些工农革命底重大使命而分散了，向全国底各处深入，向全国的工农深入；我们底铁的拳头，都执着猛烈的火把。中国，红起来罢！中国，红起来罢！全世界底火焰，也将由我们底点着而要焚烧起来了！世界革命成功万岁！我们都以火，以血，以死等待着。我们分散了，在我们底耳边，仿佛响彻着胜利的喇叭声，凯旋的铜鼓底冬冬声。仿佛，在大风中招展的红旗，是竖在我们底喜马拉雅山的顶上。

深厚的感情、诗一般的语言。柔石化名刘志清，将《一个伟大的印象》发表在 9 月 10 日出版的左联机关刊物《世界文化》创刊号上。后被译成日文等语种，产生了深远的国际影响。

5 月 29 日，柔石和鲁迅共同出席了左联第二次全体大会。会上，柔石再次满怀激动报告了出席全国苏维埃区域代表大会的经过，他告诉与会者，在祖国大地上已有了在无产阶级领导下的工农兵自己的政权，它宣告国民党黑暗的反动统治终将走向死亡，"光明的幸福的白昼世界是迅速地快要到来了"！

可是没过几个月，在一个阴森的夜里，柔石曾在《一个伟大的印象》中讴歌过的少年先锋队队长被害的噩耗传来，柔石悲愤填膺，喷射出含血的哀悼：

血在沸，
心在烧，
在这恐怖的夜里，
他死了！
他死了！

在这白色恐怖的夜里——

我们的小同志，

枪杀的，

子弹丢进他的胸膛，

……

伴着他有五人，

排成一列的；

伴着他有五百人，

排成一队的；

伴着他有无数万人，

全世界无产阶级的队伍！

奋斗的队伍呀，

敢死的队伍！

……

黄河的红水冲上两岸了，

苏维埃的旗帜，

在全国的山岭上飞！

……

冲向前！

同志们！

我们要为死者复仇，

要为生者争得迅速的胜利！

……

柔石含着泪写出了这首长达百余行的悼诗《血在沸——纪念一个在南京被杀的小同志》，诗中反复4次高歌"血在沸，心在烧"，是字字泣血的控诉，是悲壮严正的宣告，更是高昂、坚定主旋律的回响。它与《一个伟大的印象》一样，显示出柔石超越过往，更加鲜明的阶级斗争的色彩和意气昂扬的革命乐观主义精神，这种风格的转变，是一种质变、一场跃升、一次重生。

与此同时，政治斗争形势日趋残酷，国民党当局伸长了耳鼻蠢蠢欲动。为找一社会职业掩护身份，以便开展工作，柔石托王育和与明日书店经理、同乡林达青商定，帮他们出版一种文艺杂志，自己出任该杂志的编辑。

递变：使惯了"刀"学起用"棍"

自从1929年10月参与酝酿成立左联以来，柔石如获新生热血沸腾，他积极参加革命工作，为之投入了相当的气力。来沪后经历的一切都促使着柔石向过去的自己告别，他曾明确告诉鲁迅，往后他想要转换作品的内容和形式。鲁迅说："这怕难罢，

柔石著书《希望》

譬如使惯了刀的，这回要他耍棍，怎么能行呢？"他坚定地答道："只要学起来！"

如果说 1929 年是柔石著译成果颇多的"丰收年"，那么 1930 年可以看作是他写作历程中的"焕新年"。特别是这年 7 月由上海商务印书馆出版的短篇小说集《希望》和发表在《萌芽月刊》上的短篇《为奴隶的母亲》，成为柔石一生中最重要的两部作品。

《希望》是柔石继《疯人》之后的第二本短篇小说集，收录了 1928—1929 年间 28 篇作品，其中有 1928 年 8 月至 1929 年 7

月间所作小说14篇（除《生日》一篇为1924年所作），另有总题为"人间杂记"的速写14篇。在《〈希望〉自序》中，柔石写道："生命是递变的，人与社会应当也走着在无限的前进的途程中，我底希望是如此。"表明了柔石现阶段无论是在人生道路上，还是创作道路上，正义无反顾地朝着认定的目标毅勇前行。

《希望》较之于《疯人》，在题材、主题思想和艺术表现方法等诸多方面有着明显的不同与提升。《疯人》所辑的6个短篇，多是反映作者自身生活经历和思想感受，题材多围绕青年男女的恋爱问题，反映五四时期青年反对封建礼教、争取个性解放和婚姻自由的强烈愿望。《希望》这本集子最大的不同是，柔石开始聚焦劳苦大众，将笔尖直指统治者的虐杀与暴政，申诉社会底层的悲苦与不幸。柔石师承并发扬了鲁迅执著现实、直面人生的气概，将写作重心下移，尤其把目光投向苦难深重的劳动妇女。如果说《希望》集里"母亲们"所受到的虐杀与摧残，多是人性恶尤其是男子中心主义所招致，短篇小说《为奴隶的母亲》，则进一步把造成"母亲"不幸的原因指向社会。小说中心情节是"典妻"。主人公春宝娘的丈夫是个贩卖兽皮的皮贩子，因为穷和病，使他变得凶狠而暴躁，竟用沸水烫死了自己刚刚出生的女儿。在债主的逼迫下，他几乎要自杀，却没有勇气。最后只好走上典妻这条路。典妻是当时浙东农村的普遍现象，作者在这"司空见

《为奴隶的母亲》插画

"惯"的平常事中，以尖锐的语言刻画出时代人物的不幸，大声为妇女的悲剧命运鸣不平，呼吁各界民众奋起反抗。

　　小说将妇女身心所受的戕害展现得淋漓尽致，令人读后无不湿润眼眶。作品问世不久，即被蒋光慈编入《现代中国作家选集》。伊罗生、史沫特莱合编的中英文刊物《中国论坛》也予以译载。国际革命作家联盟的机关刊物《国际文学》以多种文字版本予以译载，罗曼·罗兰从该刊读到本篇译作以后，曾致函《国际文学》编辑部说："这篇故事使我深深地感动。"1934年伦敦劳伦斯·威沙特公司国际出版社印行的《中国短篇小说集》，也辑入了史沫特莱对这部小说的译文。1936 年埃德加·斯诺编的《活的中国——现代中国短篇小说选》出版，将此篇列入除鲁迅之外的第二部分（《其他中国作家的小说》）的首篇。时至今日，《为奴隶的母亲》仍拥有广泛的国际读者。日本在 20 世纪六七十年代均出版不同的译本。在国内这部小说还被改编为沪剧、电视剧、连环画等广为流传。

ROU SHI

| 八 |

为了永不忘却的纪念

返里：为母亲庆生

正当左翼文化运动如火如荼之际，柔石收到老家宁海的来信。这年柔石的母亲虚龄59岁，按地方风俗要做六秩大寿，吉期定在农历十一月初一（公历 1930 年 12 月 20 日），家中老小都期盼着柔石归家团圆。对母亲，柔石感情深厚，他决心此次定要到场为母亲祝寿。然而诸多公事缠身，柔石一时难以脱身，母亲望眼欲穿坚持等"福"回家才肯庆寿。待柔石风尘仆仆赶到家时，已是农历十一月初四。

柔石（后排左一）与哥哥赵平西等人的合影

柔石送母亲的摇椅

柔石书房及休息室复原

柔石特意为母亲挑选了一把木质朱漆藤座摇椅作寿礼。他耐心地搀扶着母亲试坐，母亲从未见过这种坐上去会摇动的椅子，她小心地坐着、摇着，虽心疼价高还是难以掩饰内心的欢喜。初五，全家为母亲祝寿后，柔石告诉家人，这次回家只短住几日，大家勿向外人声张。柔石自己既不出门访友，也不吹笛拉琴，整天在房中看书写作。12月28日一早，在与家人依依惜别的不舍中，柔石踏上了返回上海的行程。不曾料想，此行竟成了永别。

喋血：末日前的黑暗乱舞

1931年1月17日，柔石在景云里同王育和吃好午饭，说下午和冯铿有约便匆匆离开了。其实他是和冯铿约好一起去汉口路东方旅社参加秘密会议。原来，1931年1月7日，在共产国际代表米夫干涉下，中共中央在上海召开了扩大的六届四中全会，王明担任了中央主要领导职务，"左"倾教条主义错误开始在党内推行。四中全会的决议在左联内部传达后，引起一众党员不满。当时，何孟雄、李求实、林育南等共产党人决定1月17日在汉口路东方旅社和天津路中山旅社秘密聚会，商讨抵制王明错误领导的对策。柔石、胡也频、冯铿、殷夫也一同到会。

东方旅社的会议正在进行时分，不料一个"茶房"闯了进来，说是电灯出了毛病，要检查维修。简单忙活一通后，随着电

灯的再度亮起，一群特务冲了进来。此时，柔石等人还不知道，东方旅社早已被监控。因消息走漏，警车呼啸而来，迅速包围了旅社，特务、军警、西捕直扑 31 号房间，逮捕了在场的柔石等人，并将他们押上警车。敌特分子随即对旅社撤销包围，留下几人"蹲坑"伺机抓人。在 1 月 17 日至 21 日的 5 天内，国民党上海市公安局会同租界巡捕房先后在东方旅社、中山旅社、华德小学等处逮捕林育南、李求实、何孟雄、欧阳立安等 36 人。

被捕后，柔石被押往明日书店对质，经理林达青见柔石咬牙示意，就说不认识。林达青见柔石双手上铐，便知道案情严重，等巡捕一走，慌忙跑去告诉了王育和，同时又派学徒给林淡秋送去纸条"老赵患急病，进了医院"，林淡秋阅罢立刻知道发生了什么事。王育和赶紧吩咐学生徐之千外出探听消息，摸清出事地点和抓捕原因，以便计划营救策略。

不巧的是，前一天夜里柔石刚去过鲁迅家，因明日书店想印鲁迅的书，便托柔石向鲁迅商议有关版税事宜。鲁迅随手将与北新书局所订的合同抄了一份供他们参考，柔石拿到后往衣袋内一塞便走了。因柔石随身携有印书合同，朋友们劝鲁迅暂时离家避一避。在日本友人内山完造帮助下，鲁迅一家避匿至日本人开办的花园庄旅馆内。

深夜，打探了许久消息的徐之千回来，说竟没人知道柔石的下落。第二天一早，王育和只好跑去找朋友张横海律师，托他向各捕房查问，并设法保释。下午，张横海在老闸捕房查到"一个叫赵少雄的，昨天在东方旅社被捕，有共党嫌疑，明天上午要送地方法院审讯"。王育和知道赵少雄便是柔石，当即想将此案委托张横海，请他出庭辩护保释。张横海深知难度摆了摆手说，"这是共产党的案子，不好办也不敢办"，架不住王育和再三恳求，碍于情面的张横海最终勉强答应了。

在公共租界法院开庭的那天，一群蓬头垢面的青年被押上法庭，大家脸上有些浮肿，柔石穿的是西装，眼镜也不知哪去了。庭上，法官宣读了被告的姓名和罪状后，龙华警备司令部派来的人提出，要把全部案犯引渡到龙华去。大伙一听，一片哗然，名曰"引渡"，这几乎相当于判了死刑。柔石等人立刻高声喊了起来："我们不服判决！""我们没有罪！""我们抗议！"张横海依法提出抗议，"凡在租界内发生案件应由地方法院审讯处理，不得任意引渡"。然而，孤掌难鸣，法官已被授意，无奈之下，柔石等人被法警拖上了囚车。

龙华监狱旧影

龙华男牢

车子一启动，一阵刺耳的警笛响起，不一会儿驶进了龙华淞沪警备司令部的院子。柔石被钉上十几斤重的"半步镣"，和上海总工会青工部部长、江苏省团委委员杨国华（欧阳立安）——一位年仅 16 岁的小战士，以及一位银匠出身、大革命时期的老党员柴颖堂等几人同囚于二弄九室。

柔石没有棉被，就和柴颖堂睡在一个被窝里。柴颖堂入狱时间较早，对牢内情况比较熟悉，经常给柔石、杨国华讲述志士们在狱中相互鼓励与敌人顽强抗争的故事。柔石一边听一边记，狱中没有笔，他就把筷子劈开，夹上铅笔头，扎上线做成筷笔。他

柴颖堂回忆柔石在狱中听他讲述同志的英雄事迹的插图

把记下的文字整理好又编号，说将来出去后要写成书，揭露反动势力的黑暗本质。在狱中，柔石依旧好学不倦，经常找殷夫学习德文，他说平时没有空，坐监倒是个学习的好机会。

在狱中过了几日，柔石抓住机会通过送饭的狱卒给王育和带了一封信，请他转交冯雪峰：

雪兄：

　　我与三十五位同犯（七个女的）于昨日到龙华。并于昨夜上了镣，开政治犯从未上镣之纪录。此案累及太大，我一

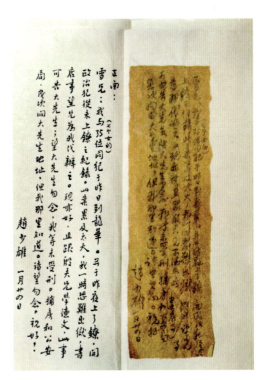

柔石烈士遗书：《狱中给冯雪峰的信》

时恐难出狱，书店事望兄为我代办之。现亦好，且跟殷夫兄学德文，此事可告大先生；望大先生勿念，我等未受刑。捕房和公安局，几次问大先生地址，但我那（哪）里知道。诸望勿念。祝好！

赵少雄

一月二十四日

［背面］

洋铁饭碗，要二三只，如不能见面，可将东西望转交赵少雄。

信中的"大先生"，就是鲁迅。信件后来又经周建人之手转给鲁迅，鲁迅曾将全文抄录，并引在《为了忘却的记念》一文中。

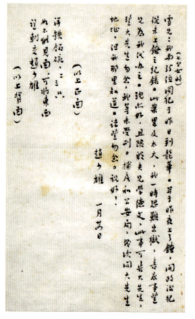

柔石从狱中转出的信，原件用铅笔写在一条碎边纸上（鲁迅书）

1月底，柔石又托人带出一个字条给林淡秋，说狱中水门汀地上很冷，想要送被子和衣服。林淡秋获悉，组织大家送了几次，却连司令部的大门也进不了，只好又拿回来。2月初，林淡秋再次收到柔石的字条，请他瞒住老母，说无论如何不能让母亲知道他进了监狱。

2月5日，柔石在狱中托人寄了封挂号信给景云里23号王清溪（育和）：

清溪兄：

在狱中已半月，身上满生起虱来了。这里困苦不堪、饥寒交迫。冯妹脸堂青肿，使我每见心酸！望你们极力为我俩设法，大先生能转托得一蔡先生的信否？如须赎款，可与家兄商量。总之，望设法使我俩早日脱离苦海。下星期三再来看我们一次。借钱给我们。丹麦小说请徐先生卖给商务。

祝你们好！

雄

五日

这成了柔石最后的呼救，不幸的是等这封信送到鲁迅手中，一切已为时过晚。2月7日，风雪在寒夜中肆虐，狱中点名"收封"的情况异乎寻常。看守长来了，身后还跟着十几个宪兵在外警戒。看守长拿着手电筒，点一个名字，就朝被点者的脸上照一下。点完一间，就锁上一间，大家预感似乎将有灾祸降临。不一会儿，看守长来到柔石这间，一连叫了两个名字："赵少雄！杨国华！出来！"恐怖气氛弥漫监舍。杨国华问看守："这么晚了要做什么？"看守说："南京已造好了大牢，现在要趁最后一班车，把你们送到南京去。"大家将信将疑。柴颖堂强忍心头悲痛，帮柔石穿好裤子，整理好镣带，又撕开被单，让他吊在两镣之间，以便走路时能提着减少些痛苦。分别时，柴颖堂还抱有希望地说："同志们，你们到了那里，一定要来信呀！"柔石没有出声，随手交给柴颖堂一包东西，说："这些东西请你给我保存好，将来有用处的。"柴颖堂一看，原来是柔石平日在狱中所写的文章。他赶忙收起稿件，将它们秘密藏在笼子的地板下。只可惜，后来在敌人查房时被撬开地板搜走了。

柔石等人不知道，南京当局给龙华淞沪警备司令部下了一道处死的密令。柔石等人被一连宪兵押到楼上法庭。敌人一边看照片，一边核对每个人的脸，令他们在一张纸上盖指印。开始时，前几位同志以为是去南京的公文，马虎地盖上了。轮到柔石，他定睛一看，原来是执行书，他立刻喊了起来："同志们，这是执行书啊！我们不盖！"揭露了反动派的阴谋后，大家群起抗议，责骂声、呼喊声、口号声惊破暗夜，法庭大乱。惊慌中，法官急忙向宪兵连长下令："立即拖下去执行！"

临刑前，烈士们高唱《国际歌》，高呼"打倒国民党反动派！""中国共产党万岁！"的口号，声震四邻。在激烈的抗争中，一阵密集的枪声响起，柔石烈士喋血荒场。

国民党淞沪警备司令部惨无人道，在龙华集体秘密杀害24人，被称为龙华二十四烈士。他们是林育南、何孟雄、李求实、龙大道、恽雨棠、李文、蔡博真、伍仲文、欧阳立安、王青士、费达夫、汤士伦、汤士佺、彭砚耕、柔石、胡也频、冯铿、殷夫、段楠、刘争、李云卿、罗石冰、贺治平以及一名佚名烈士。

痛惜："中国失掉了很好的青年"

因处决是秘密执行，党组织几天之后才获悉同志们被害的消息。1931年2月12日，中共中央机关报《红旗日报》首次报道了这一惨烈事件，并发出"反对白色恐怖"的战斗号召。3月12日，《群众日报》发表《反对国民党残酷的白色恐怖》社论，肯定这些烈士是无产阶级先锋战士，预言他们的热血将燃起更旺的革命火焰。

鲁迅在惊悉柔石被害的噩耗后，时间陷入了沉默，悲愤阵阵如滚滚浊浪拍打心堤。他说不出话，也睡不着觉。深夜，在堆满杂物的庭院中，惨白的月光下，他吟出了一首七律：

惯于长夜过春时，挈妇将雏鬓有丝。

梦里依稀慈母泪，城头变幻大王旗。

忍看朋辈成新鬼，怒向刀丛觅小诗。

吟罢低眉无写处，月光如水照缁衣。

过了几日，冯雪峰前来看望鲁迅，两人沉默地坐了好一会儿。鲁迅突然开口："这样下去，中国是可以给他们弄完的！"

国民党当局严密地封锁消息，不许报纸披露，生怕引起民众

柔石半身照

抗议。社会上一般的报纸，都不敢登载此事。冒着被捕的风险，冯雪峰以读者致编者信的形式，写了一篇《在地狱或人世的作家？》，以化名刊登在《文艺新闻》上，将左联五烈士被害的消息披露了出去，率先冲破国民党新闻封锁政策。为悼念死难的战友，揭穿国民党反动统治黑夜杀人的无耻行径，冯雪峰又和鲁迅商议，秘密出了一期《前哨——纪念战死者专号》，鲁迅亲笔题写了刊头。不久，鲁迅打破从未给他人写过传记的惯例，为纪念柔石写下了《柔石小传》。同时还写了《中国无产阶级革命文学和前驱的血》等悼念文章，在白色恐怖中放声呼喊。

王育和在得知柔石殉难后，一面与在沪同乡商量设法将尸首弄出来，一面电报柔石的哥哥，假说平复病重，要他速速来沪料理，希望借病故名义把尸首运回家去。然而，朋友们花尽力量，也弄不到尸首，最后哥哥只好失望回乡。临行前，大家和平西相约，暂且向家中保密，不予说明。大家又凑了些钱寄去家里，装作是柔石的稿费或版税收入。为避免老人痛泣，朋友们想尽办法隐瞒、帮助这一家。据说柔石父亲临死前，还在盼望着柔石的归来。

柔石牺牲后，遗有父母妻儿 6 人，生活窘迫。王育和又与几位朋友发起募捐，打算将筹集钱款储存生息，作为柔石子女的教育费用。他们就此事征询了鲁迅的意见，鲁迅慨然同意，并率先

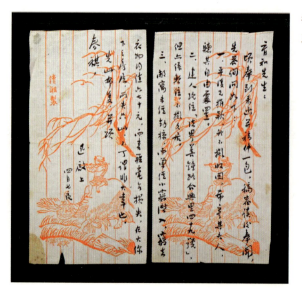

捐助 100 元。后因一·二八淞沪抗战发生，亲友星散，集资不成，王育和只能将所筹之款或退还或寄给柔石家属。对于鲁迅的这笔捐款，王育和曾去信征询鲁迅意见。鲁迅这样作了答复："顷奉到来函并稿件一包，稿容读后奉闻，先答询如下：一、平复兄捐款不拟收回，希寄其夫人，听其自由处置……"足见鲁迅与柔石的深厚情谊。

　　1931 年 9 月，丁玲在筹办左联公开发行的机关刊物《北斗》时，曾请求鲁迅提供插图。鲁迅选用了为左联五烈士被害而和文艺家联名提出抗议的德国女版画家珂勒惠支所作的，一个母亲

鲁迅选的珂勒惠支的木刻
版画《牺牲》，为纪念柔石

为了忘却的记念

一

我早已想写一点文字，来记念几个青年的作家。这并不是为了别的，只因为两年以来，悲愤总时时袭击我的心，至今没有停止，我很想借此算是竦身一摇，摆脱了悲哀，给自己轻松一下，照直说，就是我倒要将他们忘却了。

两年前的此时，即一九三一年的二月七日夜或八日晨，是我们的五个青年作家同时遇害的时候。当时上海的报章都不敢载这件事，或者也许是不愿，或不屑载这件事，只在《文艺新闻》上有一点隐约其辞的文章。那第十一期（五月二十五日）里，有一篇林莽先生作的《白莽印象记》，中间说：

"他做了好些诗，又译过匈牙利诗人彼得斐的诗若干首，当时的《奔流》……"

—62—

鲁迅手书"为了忘却的记念"

鲁迅在柔石遗物封袋上写的目录

悲哀地献出她的儿子的木刻作品《牺牲》，以表对柔石的纪念。1933 年 2 月，在柔石牺牲两周年之际，鲁迅写了《为了忘却的记念》。他写道："我沉重的感到我失掉了很好的朋友，中国失掉了很好的青年……夜正长，路也正长，我不如忘却，不说的好罢。但我知道，即使不是我，将来总会有记起他们，再说他们的时候的……"

　　柔石和李求实、胡也频、殷夫、冯铿等左联烈士殉难后，左联发布了《中国左翼作家联盟为国民党屠杀大批革命作家宣言》，抗议国民党"围剿"革命文化，屠杀革命作家的白色恐怖，指出：这种不特是世界各国所未有，亦是所有旧军阀所不敢为的卑劣凶暴行为，是他们"走近了末日""所能用的唯一方法"。它"证明了我们的文化运动的力量已经不弱，已经成为革命运动的一部分的力了"，进一步号召同志们"起来纪念着这个运动的最初的牺牲者，反对着国民党在末日之前的黑暗的乱舞"。

1931年4月19日，左联又向国外发表了《为国民党屠杀同志致各国革命文学和文化团体及一切为人类进步而工作的著作家思想家书》，揭露在国民党统治的残酷压迫下，"中国劳苦群众所受的痛苦乃是二十世纪最大的痛苦"；介绍了柔石等左联烈士的创作成就，称他们是"中国新文学界的精华"，具体报告了"关

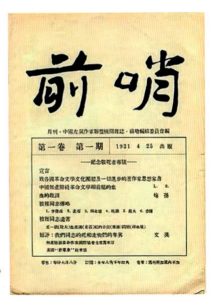

1931年4月25日，《前哨》推出"纪念战死者专号"

于中国白色恐怖及我们同志被难的真相"，吁请他们作"有力的声援"。左联对国内外发表的这两份文件，都曾刊发在左联机关刊物《前哨》创刊号上。这时，史沫特莱约请鲁迅为美国《新群众》杂志撰稿，鲁迅写了一篇《黑暗中国的文艺现状》，史沫特莱担心此文一经发表，会给鲁迅带来祸害。鲁迅毅然答道："这几句话，是必须说的，中国总得有人出来说话。"

纪念：不曾冷却的热血

1945年4月20日，中共六届七中全会通过了《关于若干历史问题的决议》，其中对在龙华殉难的柔石、林育南、何孟雄等同志作了高度评价，认为"所有这些同志的无产阶级英雄气概，乃是永远值得我们纪念的"。1950年，党和政府专门组织力量找到柔石等24位烈士遗骸，重新筑墓厚葬，后又转移到静谧宏伟的龙华烈士陵园。

新中国成立后，上海开明书店即出版了《柔石选集》。1958年，人民文学出版社亦有《柔石选集》的出版。在中国共产党十一届三中全会后，不仅人民文学出版社重新出版了较早年版本篇幅增加一倍的《柔石选集》，还有多种文学选本撷取了柔石的作品，更有《柔石代表作》《柔石小说全集》等单行本的出版。

上海市龙华烈士陵园革命烈士墓地

根据柔石真实事迹改编的《早春》在上海人民大舞台演出

毛泽东签发的革命牺牲工作人员家属光荣纪念证

　　1952年，在柔石的故乡宁海，遗属们企盼却又未曾想到——中华人民共和国中央人民政府毛泽东主席给他们签发了"革命工作人员家属纪念证"，证书上写着：赵平复同志在革命斗争中光荣牺牲，丰功伟绩永垂不朽，其家属当受社会上之尊崇。

　　浙江省人民政府于1989年将柔石故居定为浙江省级重点文物保护单位。当年柔石就读的正学小学，经扩充、改建、升级，命名为"柔石中学"，一座汉白玉的烈士雕像矗立校园。在青年柔石与朋友们经常游憩玩耍的跃龙山上，"方正学先生读书处"也修葺一新。在故里，一批热爱文学、充满追求的年轻人组织起"柔石文学社"，竞相在省市级以上报刊发表作品，告慰家乡先烈英灵。2001 年，为进一步弘扬烈士精神，在纪念柔石烈士诞辰 100 周年之际，宁海县委县政府特建成"柔石公园"。

柔石追求真理的勇气和决心可歌可泣，遗留的精神财富历久弥新。柔石，英名永存！

1962 年许广平题字"柔石故居"

柔石中学内的雕像

柔石故居金桥书屋

柔石公园

柔石大事年表

1902 年

9 月 28 日　生于浙江省宁海县。父母取名平福，后自己改名平复，又名少雄，以柔石等为笔名。

1912 年

童年体弱多病，家境清贫，10 岁才入缑中学堂读初小。

1913 年

入正学高等小学就读。

1917 年

高小毕业后，考入浙江省立第六中学，因位于台州，又称台州六中。该校费用昂贵，加之不满校内教学和管理，柔石中途毅然退学回家，发愤自学。

1918 年

考入浙江省立第一师范学校，投入新的学习生活。柔石在校勤奋学习，对作业一丝不苟。除学习外，临碑帖、听音乐、弹风琴、吹笛子、拉提琴……兴趣广泛，多才多艺。

1920 年

寒假返里，听从家人安排，与吴素瑛结婚。

1921 年

5 月 22 日　参与发起组织宁海旅杭同学会，编辑出版会内月刊《宁海旅杭同学会会刊》，宣传进步思想反对封建势力。

10 月　参加由浙一师教师叶圣陶、朱自清、刘延陵等老师任顾问、同学潘漠华、冯雪峰为负责人的晨光文学社。

11 月 20 日　柔石对于共产主义的宣传，对于俄国苏维埃政权建立的新闻报道，欣然接受，在给家中的信里写道："俄国已实行社会主义之一国也，其目的皆在打破政府之万恶，以谋世界之大同，改革平民之经济，以求人道之实现，欲人人安乐，国国太平。"

1922 年

5 月 17 日　长子旦华出生，1923 年春因病夭折。

8 月 7 日　在日记中叙述家乡遭受暴风雨灾难的惨象，深深同情劳苦人民。

1923 年

4 月　学校安排教育实习。

6 月　从浙江第一师范毕业。

7 月　为求深造，前往南京投考东南大学，因报考人数众多，加之该校招生营私舞弊，未被录取。

9月　返乡后为谋生，应聘到杭州做家庭教师。因意志难酬、寂寞无聊，于寒假辞去家庭教师之职，回到宁海家中过年。

1924年

2月　进入慈溪普迪小学任教。工作之余，继续创作短篇小说，决心用作品反映人生。

11月2日　妻子再生一子，取名帝江。

年底　离开普迪小学返乡回家。

1925年

1月　选取1923—1924年间写的6个短篇辑为一册，自费出版个人第一部小说集《疯人》。

2月　与同乡、同学邬逸民、钱之江直上北京，在北京大学旁听。抵京后，租住在孟家大院（今金丝胡同）通和公寓。与冯雪峰、潘漠华为邻。后在北京大学旁听生物、英文、世界语、哲学等课程，尤其聆听鲁迅《中国小说史略》使其大受启发。

1926年

春　因经济不济，从北京南归。先抵达上海，暂住同乡、同学严苍山家。为与朋友创办学校，奔走沪杭。后因困难种种，终未成事。一直工作无着，难免思想苦闷。

6月26日　写完长篇小说《旧时代之死》初稿。

夏 因患病返回家乡休养。参加宁海旅沪学会在家乡举办的消夏社活动，指导学生学习文化和科学知识。此外，学会成员们还着手筹备创办宁海中学，力求在家乡开创教育、发展党的组织，培养革命骨干。

秋 由人介绍，前往镇海中学任教员。

冬 女儿诞生，取名小微（薇）。

1927 年

2 月 任教镇海中学并任教务主任。

5 月 30 日 镇海中学礼堂举行"五卅"两周年纪念大会，柔石设法掩护学联主席余一飞免遭国民党军警逮捕。

6 月 在出席县里一次会议时，得知国民党反动当局要逮捕镇海中学学生、青年运动负责人周浩然，柔石立即借故离场通风报信，使周浩然逃过一劫。为避免国民党当局怀疑和白色恐怖的威胁，柔石辞职。

9 月 应人之邀，抱着"开展宁地之文化"的目的，柔石任教宁海中学国语教师、兼教音乐和小学部英语。当时，宁海党组织为更有利地开展秘密工作，非常关注国民党县政府中教育局长的人选，欲推柔石为教育局长人选。

1928 年

1 月 柔石上任宁海县教育局局长。

5月26日　中共宁海县委领导发动亭旁起义失败，柔石"开展宁地文化"的理想破碎。

6月　赴沪谋生。

9月　经人引荐，拜会鲁迅。

10月　在鲁迅直接主持和大力资助下，柔石与王方仁、崔真吾和鲁迅、许广平合股创办了旨在介绍东欧、北欧的文学，输入外国版画的"朝花社"。

12月9日　柔石带冯雪峰拜访鲁迅。这是冯雪峰在上海第一次见鲁迅。此后，柔石、冯雪峰一起在鲁迅周围从事文学工作。

12月16日　次子德鲲出生。

1929年

1月　鲁迅推荐柔石担任《语丝》编辑。

6月1日　鲁迅与柔石合编的《朝花旬刊》第一卷第一期出版。

6月26日　受鲁迅的委托，向白莽转交鲁迅写的信和鲁迅送的裴多菲诗文集两本。

9月2日　柔石辞去《语丝》编辑职务。

9月21日　在《朝花旬刊》第一卷第十二期发表诗《晚歌》。

10月20日　得吉宾斯信和木刻三枚交鲁迅。

1930 年

1 月 1 日　鲁迅主编的《萌芽月刊》出版，柔石参与编辑工作。在《萌芽月刊》第一卷第一、二期发表了翻译的《关于托尔斯泰的一封信》(苏联高尔基作)。

1 月 20 日　创作优秀短篇小说《为奴隶的母亲》，在思想上、艺术上都达到一个新的高度，是柔石"转换作品的内容和形式"的代表作。

2 月　陪鲁迅一同参加中国自由运动大同盟的成立会。

2 月 16 日　同鲁迅、夏衍、冯雪峰等人在北四川路公啡咖啡馆会晤，实际上是出席"上海新文学运动者底讨论会"。这次会议是左翼作家为酝酿成立左联而召开的准备会。由与会同志作为基本成员，成立了左联筹备委员会，柔石是其中一员。

3 月 2 日　左翼作家联盟成立，柔石是主要成员之一，曾被选为执行委员、编辑部主任。从此，他致力于无产阶级文学运动，做了很多组织工作，个人写作时间相对减少。

5 月 29 日　柔石和鲁迅出席左联第二次全体大会。柔石和胡也频等在会上作了出席全国苏维埃区域代表大会的情况报告。

本月，柔石以左联代表身份参加全国苏维埃区域代表大会。柔石加入中国共产党。

6 月 16 日　柔石作《一个伟大的印象》通讯稿。这是他参加全国苏维埃区域代表大会后写的歌颂工农红色政权的作品，署名刘志清，文中充满对党的热爱和对斗争的必胜信念。

7月4日　与魏金枝一起看望鲁迅。

本月由商务印书馆出版短篇小说集《希望》。

8月3日　看望鲁迅。

本月鲁迅编，柔石等译的《戈理基文录》由上海光华书局出版。

10月23日　为纪念一位被杀的小同志，创作长诗《血在沸》，篇末特别写明作于"阴森的夜里"。作品闪烁着革命乐观主义精神、战斗激情和共产主义必胜的信念，刊载于1931年4月25日出版的《前哨》。

12月　母亲六十大寿，农历十一月初四柔石回乡探亲。母亲留柔石住了些日子，约十二月下旬返上海。柔石在家乡时不外出，埋头写作。

12月29日　看望鲁迅。

1931年

1月12日　同冯铿一起看望鲁迅，并赠新会橙四枚。

1月17日　柔石等在东方旅社开党的秘密会议。左联成员李求实、柔石等和其他共产党员开会，讨论抵制王明"左"倾教条主义错误问题。会议中途被逮捕，引渡给龙华淞沪警备司令部。

1月20日　因柔石被捕时，反动派从他衣袋里搜出鲁迅与北新书局签订的出版合同，即传出消息，要捕鲁迅。鲁迅举家移居旅馆避难。

1月24日　柔石通过送饭狱卒给王育和带了一封信让转交给冯雪峰，而后又经周建人之手转给鲁迅。信中柔石说自己已被上了镣，正跟殷夫学德文。还通知鲁迅："捕房和公安局，几次问周先生地址，但我那里知道。诸望勿念。"

同月柔石等被捕后，多次要求反动当局开庭审判。国民党反动派怕暴露自己的丑行和暴虐，一直未曾公开审讯。

2月7日夜　反动派诡称将柔石等人转押到南京，欺骗他们在秘密处死的纸上按手印。阴谋被揭露后同志们群起抗议，反动军警强行将他们集体驱赶到荒场上仓促行刑。临刑前，烈士们高唱《国际歌》、高呼"打倒国民党反动派！""中国共产党万岁！"的口号，声震四邻。柔石烈士，饮弹数枚，喋血荒场。

参考文献

1. 中共中央党史研究室：《中国共产党历史》第一卷（1921—1949）上册，中共党史出版社 2021 年版。

2. 中共上海市委党史研究室：《中国共产党上海历史》第一卷（1921—1949）上册，中共党史出版社 2022 年版。

3. 严爱云主编、中共上海市委党史研究室编：《中国共产党在上海 100 年》，上海人民出版社 2021 年版。

4. 中共上海市委党史研究室编：《上海党史资料汇编》第 5 编，上海书店出版社 2006 年版。

5. 中共中央党史研究室编：《中国共产党的九十年》，中共党史出版社、党建读物出版社 2016 年版。

6. 王锡荣：《"左联"与左翼文学运动》，上海人民出版社 2016 年版。

7. 赵帝江、姚锡佩编：《柔石日记》，山西教育出版社 1997 年版。

8. 王艾村：《柔石评传》，上海人民出版社 2002 年版。

9. 郑择魁、盛钟健：《柔石的生平与创作》，浙江文艺出版社

1985 年版。

10. 鲁迅博物馆文物资料部整理：柔石、冯铿遗稿《晨光》，书目文献出版社 1986 年版。

11. 杨东标：《柔石二十章》，宁海出版社 2002 年版。

12. 孔海珠：《血凝早春——柔石》，山东画报出版社 1998 年版。

13. 中共上海市委党史资料征集委员会、上海市民政局合编：《上海英烈传》第二卷。

14.《柔石选集》，人民出版社 1986 年版。

15. 郑择魁、黄昌勇、彭耀春：《左联五烈士评传》，重庆出版社 1995 年版。

16. 张小红：《左联五烈士传略》，上海人民出版社 2001 年版。

17.《柔石小说全集》时代文艺出版社 1997 年版。

18. 王艾村：《柔石研究》，中国文史出版社 2006 年版。

19. 柔石：《青年和妇女的人生写照　柔石小说全集》，中国文联出版公司 1996 年版。

20. 柔石：《二月》，天津人民美术出版社 1981 年版。

21. 柔石：《为奴隶的母亲》，江苏人民出版社 1980 年版。

22. 李何林主编：《中国现当代著名作家文库　柔石代表作》，

河南人民出版社 1992 年版。

23. 鲁迅：《鲁迅全集：为了忘却的记念》，人民文学出版社 2005 年版。

24. 李雯：《浅论柔石与托尔斯泰主义》，《文学教育》2013 年第 3 期。

25. 楼泸光、劳力：《柔石研究资料索引》，《宁波师专学报》（社会科学版）1980 年第 2 期。

26. 楼沪光：《柔石研究三题》，《河北大学学报》（哲学社会科学版）1981 年第 2 期。

27. 李军：《近年柔石研究综述》，《宁波师院学报》（社会科学版）1987 年第 3 期。

28. 前哨编辑委员会编：《前哨·文学导报》第一卷第一期《纪念战死者专号》，《中国现代文学史资料丛书（乙种）》，上海文艺出版社 1981 年版。

29. 丁景唐、瞿光熙：《左联五烈士资料编目》（增订本），上海文艺出版社 1981 年版。

30. 蓝布：《在地狱或在人世的作家：一封读者来信探听他们踪迹》，《文艺新闻》第一卷第三期第二版。

31. 万正：《柔石、胡也频等廿三烈士在龙华殉难二十年祭》，《大公报》1951 年 2 月 25 日。

32. 赵文雄、柴盛枋、秦惠伦:《回忆我的哥哥柔石》,《新文学史料》1979 年第 4 期。

33. 赵文雄、柴盛枋、秦惠伦:《哥哥柔石关怀我成长》,《新文学史料》1980 年第 1 期。

34. 许杰:《坎坷道路上的足迹》(六),《新文学史料》1984 年第 2 期。

35. 冯雪峰:《回忆鲁迅》,《1928—1936 年的鲁迅 冯雪峰回忆鲁迅全编》,上海文化出版社 2009 年版。

36. 许广平:《鲁迅和青年们》,许广平著、马蹄疾辑录:《许广平忆鲁迅》,广东人民出版社 1979 年版。

37. 魏金枝:《有关鲁迅先生的几件旧事》,本社编《鲁迅回忆录一集》,上海文艺出版社 1978 年版。

38. 楼沪光:《柔石年谱》,《河北大学学报》(哲学社会科学版)1980 年第 2 期。

39. 范志强:《从〈柔石传〉到〈柔石二十章〉——浅谈杨东标和他的柔石研究》,《中国左翼文学国际学术研讨会论文集》,汕头大学出版社 2006 年版。

40. 郑赤:《柔石的诗》,《宁波师专学报》(社会科学版)1980 年第 2 期。

41. 李岚:《柔石研究述评》,《长江师范学院学报》2010 年第 26 期。

42. 林淡秋:《忆柔石——纪念柔石遭难十六周年》,《文萃》1947 年第 18 期。

43. 乔以钢、宋声泉:《〈为奴隶的母亲〉小说叙事的性别分析——兼及与〈生人妻〉的比较》,《湘潭大学学报》(哲学社会科学版)2009 年第 4 期。

44. 郑建军:《柔石〈二月〉人物原型及地名考》,《中共宁波市党委党校学报》2010 年第 3 期。

45. 冯雪峰:《编辑后记——并前期更正》,《萌芽》1930 年第一卷第三期。

46. 陈树萍:《论鲁迅对柔石小说创作的影响》,《淮阴师范学院学报》(哲学社会科学版)2004 年第 1 期。

47. 陈振国:《鲁迅与柔石》,《南京师大学报》1978 年第 2 期。

48. 王观泉:《鲁迅手迹和柔石遗物》,《宁波师专学报》(社会科学版)1984 年第 1 期。

49. 刘绶松:《中国新文学史初稿》,作家出版社 1957 年版。

50. 毛海莹:《从民俗学角度重读柔石〈为奴隶的母亲〉》,《中国现代文学研究丛刊》2013 年第 11 期。

51. 北京大学中文系 1956 级鲁迅文学社:《柔石的创作》,

《北京大学学报》（人文科学版）1959年第3期。

52. 王保生：《柔石论》，《中国现代文学研究丛刊》1979年第1期。

53. 朱成蓉：《试论柔石早期的思想和创作》，《中国现代文学研究丛刊》1985年第4期。

54. 马宁：《左联五烈士别记》，《新文学史料》1980年第1期。

55. 杨秀怡：《回忆"左联"和鲁迅先生》，《左联纪念集1930—1990》，1990年上海鲁迅纪念馆专题资料汇编。

56. 施晓燕：《鲁迅与朝花社众人的交游》，《上海鲁迅研究》2018年第4期。

后 记

习近平总书记曾说，一切民族英雄，都是中华民族的脊梁，他们的事迹和精神都是激励我们前行的强大力量。正是无数以柔石为代表的革命先烈们，以铮然的傲骨和不屈的斗志，铸成了中华民族的脊梁。龙华英烈画传丛书第二辑出版发行恰逢9月30日中国烈士纪念日，在这个特殊的日子里，让我们回望那些在历史长河中挺立的脊梁，一起缅怀英烈、致敬英雄。

柔石自小便对文艺之事展现出极高的天赋与热爱，他写过小说、诗歌、独幕剧和散文，做过教员也涉足过儿童文学，更是在报刊杂志的编辑领域，有过惊涛骇浪般的战斗历程。他虽然是一个勤于读书、善做学问的人，却并没有因此闭门书斋，柔石不愿敷衍了事随遇而安，他有自己的独立思考，更有立足现实对国家、民族前途的关心与使命感，当民族危机来临的时候，他没有逃避更没有沉沦。在柔石生命的后期，革命与文艺一身二任，而又浑然一体，是名副其实的文艺战线马前卒。柔石身上流淌着革命的热血，展现了一个中国文人的追求与担当，历经时间洪流磨洗而不损其光辉，穿过邈远的岁月烟尘一直通向今天的光明。

在《柔石画传》撰写过程中，通过阅读他的作品、日记，走访他的足迹，翻阅他朋友的回忆……柔石烈士坚毅的神采仿佛就浮现眼前，时代英雄们铿锵的心跳萦绕耳畔，一份敬意始终涌在心头，一种深情将时空永远定格……正如柔石要"冲破黑暗势力，做个人类的救星"，我为柔石的经历所感染、共鸣、振奋。"一点英雄气，四顾浩无边"，走进柔石这一生的过程，也是对自我灵魂的一次淬炼。我感悟到，最杰出的人往往是从最普通的人开始的。一如今天年轻的我们，少年柔石会因为假日在山野间郊游欢呼雀跃，会因为看见自己的偶像鲁迅而兴奋不眠，会因为与家人意见不合而郁郁寡欢，会因为社会上不公平现象挺身而出，也曾迷茫、也曾苦闷、也曾撞过南墙，但可贵的是，最终柔石走进了革命大家庭，把马克思主义、共产主义作为自己的信仰和人生追求，直至为革命事业献出了年轻的生命。

本书得以最终呈现，离不开中共上海市委党史研究室主任严爱云、副主任唐洪涛的大力支持。感谢科研处处长年士萍牵线搭桥带我走进烈士故里搜集资料、走访座谈，征编处处长贾彦、研究二处副处长陈彩琴、邵雍教授等党史专家为本书把关审读，提出宝贵意见。感谢中共上海市委党史研究室的前辈们予以多方面的指导与鼓励。此外，值得一提的是中共宁海县委党史研究室主任叶静霞、副主任胡志汉、党史科科长刘学海，宁海县文物保护管理所所长胡菲菲，柔石故居讲解员陈暖暖，中国左翼作家联盟会址纪念馆副馆长葛玮、副研究馆员俞宽宏在本书史料收集、配图等方面给予了重要帮助。正是大家齐心协力、呕心沥血，本书才得以顺利出版。由于时间仓促，虽然在本书创作中我付出了极大努力，但难免轻虑短谋挂一漏万，敬请党史专家、广大读者予以斧正、雅教。

掩卷沉思，纵观前后，柔石烈士从执着教育救国到成长为革命战士的生命履迹依稀可见。谨以此书献给为中华民族独立和中华民族伟大复兴牺牲在历史长河中熠熠生辉的他们，以及在新时代光芒照射下砥砺前行的我们。

作者

2023 年 7 月

图书在版编目(CIP)数据

柔石画传/中共上海市委党史研究室,龙华烈士纪
念馆编;周紫檀著. —上海:上海人民出版社,2023
ISBN 978-7-208-18554-8

Ⅰ.①柔⋯ Ⅱ.①中⋯ ②龙⋯ ③周⋯ Ⅲ.①柔石(
1902-1931)-传记-画册 Ⅳ.①K825.6-64

中国国家版本馆 CIP 数据核字(2023)第 177491 号

责任编辑 吕桂萍
封面设计 周伟伟

柔石画传
中共上海市委党史研究室 编
龙华烈士纪念馆
周紫檀 著

出   版 上海人民出版社
        (201101 上海市闵行区号景路 159 弄 C 座)
发   行 上海人民出版社发行中心
印   刷 上海中华印刷有限公司
开   本 720×1000 1/16
印   张 15
字   数 127,000
版   次 2023 年 10 月第 1 版
印   次 2023 年 10 月第 1 次印刷
ISBN 978-7-208-18554-8/K·3322
定   价 95.00 元